KB124270

이승만의
위대한 성취

대한민국 탄생의 역사

조남현 지음

이승만의
위대한 성취

미래H

　작년 년 말 교보문고에서 도발적인 제목의 책『거짓의 역사
와 위선의 한국 사회 : 바로 잡는 한국 현대사』를 발견, 즉석에
서 서문과 목차를 훑어보고 주저 없이 구입했습니다. 연말 기간
에 책을 정독한 뒤 우리 국민이 널리 읽어야 할 책이라 생각한
본인은 〈이춘근TV〉라는 유튜브 채널을 통해 이 책을 소개한 바
있습니다. 며칠 뒤 저자 조남현 선생님께 고맙다는 말을 전하는
전화 연락을 받았고, 저는 더욱 연구에 매진해서 훌륭한 책을
계속 써달라고 말씀드렸던 기억이 납니다.

　조남현 선생님은 이번에『이승만의 위대한 성취』라는 책을
출간하게 되었다고 추천사를 부탁하셨습니다. 완성 직전의 원
고를 읽어본 저의 생각은 좋은 책을 계속 집필해서 한국인의 역
사관을 올바로 만드는 데 기여해 달라는 제 바람에 완벽히 부합
하는 책이라는 것입니다. 저는 조남현 선생님을 직접 만난 적도
없고 경력 사항도 잘 모르지만, 조 선생님의 글을 통해 훌륭한
역사 연구가가 틀림없다고 확신하고 있습니다.

　최근 대한민국의 젊은 학생들은 대단히 왜곡된 역사교육을
받으며 자라고 있습니다. 건국의 아버지 이승만 박사를 잘 알지
못할 뿐만 아니라 대단한 죄악이나 저지른 사람처럼 비난하고

있습니다. 반면 대한민국의 건국에 사실상 반대하고 김일성 공산 집단에게 악용당한 김구를 국부처럼 존경하는 어처구니없는 현상도 나타났습니다.

저자께서 이 책의 맨 앞부분에서 한탄하고 있듯이 대한민국의 얼굴이라 할 광화문 광장을 보면 그곳은 대한민국이라기보다는 마치 조선 같다는 느낌이 듭니다. 이순신 장군과 세종대왕의 동상은 있지만 대한민국을 건국한 인물은 흔적조차 찾아보기 어렵기 때문입니다. 이승만 대통령의 호를 붙여 우남회관이라 불렸던 건물은 세종문화회관으로 변했습니다. 최근 광화문 광장을 이승만 광장으로 칭하는 애국 시민들이 늘어나고 있다는 사실과 더불어 이승만 박사를 연구하는 사람들이 늘어나고 이승만 관련 훌륭한 책이 다수 출간되고 있다는 사실은 대단히 고무적인 일입니다. 그동안 침묵했던, 조국을 사랑하고 지켜야 한다고 생각하는 대다수 자유 시민들의 '이건 아니다' 하는 자각이 발동한 결과가 분명합니다.

한국의 역사가 극단적 모순에 빠져 있는 상황을 더 이상 방치할 수 없다는 조남현 선생님 같은 애국 지성인들이 깨어나고 있습니다. 배불리 먹고 따뜻한 옷을 입고 사는 대한민국 국민

중 적잖은 사람들이 굶주린 자의 사상, 이념, 제도를 이 땅에 수립하겠다고 소매를 걷고 나서서 국민을 오도하는 극단적 모순을 더 이상 방치할 수 없습니다. 존재하는 것이 분명한 데다 그 존재로 인한 위험이 조국의 운명을 백척간두에 놓이게 한 주사파 세력 및 그 아류인 반反대한민국 세력과 당당히 투쟁해야 할 때가 되었습니다.

이를 위해 애국 시민은 진실眞實로 무장해야 합니다. 대한민국을 사랑하고 지키려는 다수의 국민에게 올바른 역사를 알려주어야 합니다. 조국을 비하하는 데 몰두하는 역사도 안 될 일이지만, 우리 것이 모두 옳고 잘났다는 국뽕주의(국수주의 사관) 또한 안 될 일입니다.

대한민국이 어떻게 태어났으며, 어떻게 살아왔는지, 앞으로 어떻게 살아가야 할지에 대해 알려주어야 합니다. 세계 최빈국 중 하나였던 신생 대한민국이 단 2세대 만에 세계 10대 강국이 되었다는 자랑스러운 사실을 국민에게 과장 없이 진솔하게 알려야 합니다. 1960년대까지만 해도 북한보다 오히려 더 가난했던 대한민국이 지금은 북한보다 60배나 더 부자 나라가 되었다는 사실과 그런 나라를 만들어낸 인물들에 대해 알아야 합니다.

조남현 선생님의 『이승만의 위대한 성취』는 바른 역사 공부에 최적화된 책이라고 판단합니다. 이승만 박사를 아는 일은 우리나라의 건국과 부국의 역사를 이해하기 위한 관건입니다. 최악의 상황에서 이 나라의 해방과 독립을 이루고 안보의 초석을 쌓은 이승만 박사는 당대 최고의 지식인이요 세계적인 정치가였습니다. 이처럼 위대한 인물을 이해하지 않고는 대한민국의 성공 역사를 이해할 수 없습니다. 대한민국의 진실한 역사를 모르면 애국愛國과 호국護國도 잘할 수 없습니다. 명쾌하고 쉬운 말투로 쓰인, 그리고 좋은 사진이 많이 들어 있는, 그래서 읽기도 편한 이 책을 펼침으로써 독자님들은 자랑스러운 대한민국을 건국한 위대한 지도자 이승만 박사를 더욱 잘 알게 될 것입니다.

이춘근

국제정치학자

대한민국에 대한민국은 없습니다. 대한민국의 역사와 혼, 곧 대한민국의 정신이 없다는 뜻입니다. 대한민국이 어떤 고난의 과정을 거쳐 탄생했는지, 건국 정신은 무엇인지 다들 모르고 있습니다. 다시 말해 오늘날 대한민국 국민은 뿌리를 모르는, 그래서 얼이 없는 사람들이라는 이야기입니다.

오늘을 사는 사람들은 대한민국 국민이 아니라 조선 백성들 같습니다. 이 땅에 대한민국을 기념하거나 대한민국 정신을 되새기는 조형물이 하나라도 있습니까? 대한민국의 수도 서울의 중심가 세종로를 가보십시오. 세종대왕과 이순신 장군의 동상만 있을 뿐 대한민국 건국을 기념하거나 건국의 아버지를 기리는 조형물은 찾아볼 수 없습니다.

그뿐인가요. 우리 화폐를 보십시오. 세종대왕, 이순신 장군, 신사임당 등 한결같이 조선 시대 인물이 화폐의 주인공입니다. 대한민국과 관련된 인물은 한 사람도 없습니다. 그래서 이 나라가 조선인지 대한민국인지 도통 모르겠다는 말입니다.

이런 현실은 우리 국민이 대한민국을 소중히 생각지 않는다는 의미입니다. 소중히 여기기는커녕 부끄럽게 여기거나 최소한 자랑스러워하지 않는다는 뜻입니다. 하기야 한국 현대사에 대한 많은 저술을 보면 대한민국은 태어나서는 안 되었던 나라라는 생각을 하게 만듭니다. 심지어 학생들이 배우는 교과서조차 대한민국은 결코 자랑스러운 나라가 아니라 시작부터 잘못된, 그런 부끄러운 나라라는 인식을 심어줍니다.

늘 오늘의 현실을 개탄하고 분노하지 않을 수 없었습니다. 그래서 피를 토하는 심정으로 묻고 싶습니다. 당신은 대한민국 국민입니까? 당신은 진정 이 나라 대한민국 탄생의 역사와 정신을 알고 있습니까?

대한민국의 역사와 건국 정신을 알지 못한다면 대한민국 국민으로서 부끄러운 일입니다. 조선 시대 백성이거나 일본 제국주의 식민지 신민이라면 모르겠거니와 대한민국 국민이라면 대한민국의 역사와 정신을 몰라서는 안 됩니다.

하지만 우리의 현실은 참담합니다. 우리 국민은 대한민국의 정신을 잊고 있거나 알지 못합니다. 우리 국민은 대한민국 국민으로서보다는 배달의 겨레라는 의식에 더 충실합니다. 그리 자랑스러울 것도 없는 단일민족이라는 환상이 지금까지 대한민국을 압도해왔습니다. 우리 국민에게는 대한민국보다 민족이 우선합니다.

사실 그 민족이라는 인식도 식민지 시대 노예 의식의 연장선에 있는 의식일 뿐입니다. 열등감을 스스로 드러내는 저열한 의식입니다. 여전히 반일 민족주의에 휘둘리는 집단의식이 이를 여실히 보여줍니다. 솔직히 말해 그것은 민족주의가 아니라 종족주의입니다. 종족의식이 강하면 강할수록 약자의 피해의식과 열등감이 크다는 사실을 드러내는 것입니다.

대한민국보다 우리 민족이라는 전前시대적 인식이 더 강하다는 사실은 사실상 대한민국 건국의 아버지 이승만보다 대한민국 건국을 반대하고 방해하며 김일성과의 남북합작을 주장했던 김구가 국민의 추앙을 받고 있다는 사실에서 확인할 수 있습니다. 김구는 겨레의 큰 스승으로 추앙받으며 엉뚱하게도 많은 국민에게 국부로 존경받고 있습니다. 남북협상이라는 명분으로 평양에 갔지만, 당초 계획했던 김구·김규식·김일성·김두봉 4자 요인회담은커녕 기껏해야 김구와 김규식이 각각 김일성과 짧은 면담을 한 것이 전부였습니다.

이승만의 위대한 성취

그뿐만 아니라 김구는 평양에서 소련제 중무기로 무장한 인민군의 위력적인 사열을 지켜보았습니다. 그런데도 서울로 귀환해 미군 철수를 주장했습니다. 이승만 대통령은 어떻게든 미군을 잡아두려 했는데, 북한의 남침을 예견하고 있었으면서도 김구는 미군 철수를 주장했습니다. 심지어 그는 자유중국(대만) 총영사에게 북한 인민군의 위력을 전하며 이 땅에 순식간에 인민공화국이 선포될 것이라는 말까지 했습니다. 그런 사람이 국부로 추앙받는 나라가 대한민국입니다.

그런 반면 해방정국에서 38선 이남만이라도 소련의 영향권에 들어가지 않도록 안간힘을 다해 기어이 자유와 공화의 나라 대한민국 건국을 성취해냈던 건국의 아버지 이승만 대통령은 온갖 비난을 받고 있습니다. 어린이들이 이승만 건국 대통령을 '나쁜 사람'으로 아는 것이 오늘의 슬픈 현실입니다.

이러한 어처구니없는 현실은 역사의 진실을 모른 채 거짓 역사에 오염된 탓입니다. 그간의 숱한 한국 현대사 연구나 저작들은 대한민국의 가치를 설명하기보다는 대한민국을 공격하고 음해하는 것들이었습니다. 그 때문에 많은 국민이 한국 현대사를 잘못 알고 있으며, 특히 학생들은 올바른 교육을 받지 못해 왔습니다.

대한민국 역사를 무조건 미화하고 찬양하자는 이야기가 아닙니다. 있는 그대로의 사실과 역사의 진실을 알아야 한다는 뜻입니다. 최소한 왜곡되게 이해해서는 안 된다는 이야기입니다.

대한민국의 건국 정신을 모르면 자유의 의미를 알지 못합니다. 사실 우리 국민 대다수는 자유를 이해하지 못하고 있습니다. 자유의 가치를 깨닫지 못하고 있습니다. 오히려 전체주의적 사고思考에 기울어 있음을 깨닫지도 못하고 있습니다. 전체주의란 민족주의나 국가주의, 푸틴의 러시아나 김정은의 북한이 지향하는 가치입니다. 여기에서 벗어나야 합니다.

그런데 기성세대와는 달리 요즘 젊은이들은 자유를 체득하고 있는 것 같습니다. 개념은 몰라도 몸으로 익히고 가치를 내면화하고 있다는 것입니다. 한류 열풍을 보면 이를 실감할 수 있습니다. 한류는 자유의 산물입니다. 자유는 인간을 창의적으로 만듭니다.

자유를 체득하더라도 대한민국의 역사와 가치는 반드시 알아야 합니다. 그래야 온전히 자유를 이해해 오도된 가치에 휘둘리지 않을 수 있습니다. 전체주의의 포로가 되지 않을 수 있다는 말입니다.

끓어오르는 분노와 피를 토하는 심정으로 거듭 강조합니다. 대한민국의 건국이 얼마나 위대한 성취인지 깨닫기를 바랍니다. 그리고 그 주역이자 사실상 유일한 건국의 아버지가 바로 이승만 건국 대통령이라는 사실을 기억하기 바랍니다. 역사에는 보이는 것과 보이지 않는 것이 있습니다. 보이지 않는 것까지 볼 수 있을 때 우리는 비로소 역사를 제대로 이해했다고 말할 수 있을 것입니다.

2022년 10월

조남현

차례

一

위대한
탄생

1

위대한
탄생

민족사 최고의
명장면

　　　　　　　　　　　　　　우리 민족사 최고의 명장면은
무엇이라고 생각하나요? 을지문덕의 살수대첩? 양만춘의 안시
성전투? 이순신 장군의 한산도대첩 또는 명량대첩? 사람마다
생각이 다르겠지만, 진짜 명장면을 다들 모르고 있습니다.

　1948년 5월 10일, 이 땅에서 5천 년 우리 민족사 최고의 명
장면 첫 장이 펼쳐졌습니다. 바로 5·10 총선거입니다. 국회의
원 선출을 위한 민주적 자유선거가 4·3 사건으로 무효가 된 제
주도를 제외한 남한 전 지역에서 일제히 실시된 것입니다. 이는
반만년 한민족 역사에서 처음 있는 일이었습니다.

　그런데도 대부분의 국민은 물론 정부도 이날을 기념하지 않
으며, 심지어 기억조차 하지 않고 있습니다. 하지만 생각해보십
시오. 왕조시대와 식민지 시대만을 살아온 사람들이 자신들의

이해를 대변할 대표를 자기 손으로 직접 선출했다는 것이 얼마나 큰 의미를 지니는 사건입니까. 더욱이 갑오개혁과 일제강점기를 통해 형식적으로는 사라졌지만 실질적인 삶 속에서는 여전히 신분적 계급질서가 온존하던 시기라는 점을 생각한다면 5·10 선거의 의미는 더없이 크다고 할 수 있습니다.

5·10 선거는 민족사상 처음으로 우리 국민 한 사람 한 사람이 자유인으로 태어나는 출발점이었습니다. 조선 시대 전체 인구의 절반 또는 그 이상이 노비였고, 이후에도 정신적으로는 대다수가 노비의식에서 벗어나지 못했으며, 일제강점기에도 선거권이 없었고 일본 의회에 조선 대표를 파견할 수도 없는 식민지 백성에 지나지 않았습니다. 이것을 생각할 때 자유인으로 다시 태어났다는 것의 중요성은 아무리 강조해도 부족하다고 생각합니다. 물론 당시에는 그 의미를 미처 깨닫지 못한 사람들이 훨씬 더 많았을 테지만, 그들도 대한민국을 경험하며 결국 자유인으로 거듭나게 됩니다. 그리고 백성, 식민지 신민臣民에서 '국민'으로 탈바꿈합니다.

5·10 선거는 준전시 상황에서 진행되었습니다. 공산주의 남로당 세력이 선거를 파탄시키기 위해 선거사무소를 습격하는 등 폭력을 동원한 방해 공작을 펼치는 가운데 이를 저지하기 위한 경찰과 우익단체 등의 반격으로 수많은 희생자가 발생했습니다. 선거 당일만 해도 51명의 경찰관과 11명의 공무원이 피살

되었고, 전체 선거 기간 중에는 589명이 목숨을 잃었습니다.

　제주도 2개 선거구는 선거가 치러지기는 했지만 불완전한 선거였습니다. 제주 4·3 사건 때문입니다. 남로당이 무장폭동을 일으키는 바람에 제주도는 사실상 전시 상황이었습니다. 남로당은 5·10 선거를 거쳐 대한민국이 건국되는 것을 저지하기 위해 제주 4·3 사건을 도발했고, 이 때문에 제주도 2개 선거구에서는 선거가 불발되었습니다. 오늘날에는 4·3 사건이 단독정부 수립 저지, 곧 통일정부 수립을 위한 투쟁으로 널리 선전되고 있지만, 남로당의 목적은 한반도 전체에 공산정권을 수립하는 것이었습니다.

　이런 폭력적 도발과 대한민국 건국을 반대하는 일부 정치세력의 불참 선동에도 불구하고 국민의 선거 참여도는 매우 높았습니다. 선거인 등록자의 89.8%가 투표에 참여했으니 요즘과 비교해 대단히 높았다는 것을 알 수 있습니다. 열 명 중 아홉 명이 투표를 한 셈이니까요. 어떤 자료에는 95% 이상이 투표에 참여한 것으로 나와 있습니다. 놀라운 일입니다.

　그런데 준전시 상황에서 어떻게 이처럼 높은 참여가 가능했을까요. 앞에서 언급했듯이 사상 처음으로 해보는 선거이자 내손으로 대표자를 뽑는다는 뿌듯함 등이 국민의 관심을 고조시켰을 것으로 짐작합니다.

　5·10 선거에는 다양한 정치 성향의 후보자들이 대거 출마

5·10 선거 5·10 총선 당시 이승만 박사가 서울 종로 1구 투표소에서 가장 먼저 투표하고 있다.

했습니다. 전국 200개 선거구의 후보자 경쟁률이 4.7 대 1이었는데, 사상 첫 선거라는 점을 감안하면 상당히 높은 경쟁률입니다.

이승만의 위대한 성취

당시 선거를 실시하지 못한 제주도 2개 선거구를 뺀 전국 198개 선거구의 당선자 분포를 보면 무소속이 85명으로 가장 많았고 대한독립촉성회 54명, 한민당 29명, 대동청년회 12명, 기타 정당 및 단체 18명이었습니다. 무소속이 거의 절반을 차지했지만 무소속 가운데는 한국민주당(한민당) 출신이 적지 않았습니다. 이는 곧 한민당이 국회를 주도하게 되었다는 것을 의미하는데, 이 때문에 초기 정부는 여러 가지 어려움을 겪게 됩니다.

명장면의 두 번째 장은 같은 해 5월 31일의 제헌국회 개원입니다. 나라를 만들기 위해서는 먼저 헌법 제정이 필요했고, 제헌국회의 첫 과제는 바로 그 임무를 수행하는 것이었습니다. 헌법이 제정되어야 비로소 그 헌법에 따라 정부를 출범시킬 수 있었기 때문입니다.

제헌국회 임시의장(회의 주재자)은 최연장자인 우남雩南 이승만李承晩 의원이 맡았습니다. 이승만 의원은 이어서 초대 국회의장에 정식 선출됩니다. 미국 명문 프린스턴대학교에서 동양인 최초로 국제정치학 박사학위를 받은 것으로 유명한 그는 독립운동의 상징적 인물로서 해방 정국에서 최고의 민족 지도자로 존경받고 있었으며, 대중의 절대적 지지를 받았기 때문에 그의 초대 국회의장 선출은 누구나 예상할 수 있는 일이자 자연스러운 일이었습니다.

이승만 국회의장은 헌법 제정의 방향과 국정 과제를 제시하는 중요한 연설을 했습니다.

이 국회의 주요 목표는 민주주의 원리에 입각한 헌법을 제정하고 그 헌법에 따른 정부를 수립하며 우리나라의 안전과 방위를 위한 국군을 편성하며 나아가서 고통받고 있는 국민들을 구제하는 것입니다. 우리는 쌀을 포함한 주요 상품의 가격을 규제해야 할 것이며, 모든 사람들에게 공평한 토지개혁을 실시해야 하며, 법에 의하여 모든 사람의 자유와 평등한 권리를 보호할 것입니다. … 그리고 우리는 교육을 진흥시키고 산업을 개발하고… 그리고 소련과도 직접 우호적 협상을 개시하고 일본과의 정치·경제 등 시급한 문제를 타결토록 해야 할 것입니다.

모든 애국 국민들에게 말하노니 국회와 정부를 수립하면 국민 각자가 아무런 노력을 하지 않더라도 모든 문제가 해결되리라고 잘못 생각한다면 국민 여러분은 곧 실망하고 낙담하게 될 것입니다. … 민주 정부에서 국민은 나라를 다스리는 자입니다. … 우리 공화국의 운명과 우리 국민의 복지는 전적으로 국민 각자의 손에 달려 있습니다.

이 연설의 핵심 내용을 보면 자유와 평등, 나라의 안전과 방

이승만의 위대한 성취

제헌국회 개원 1948년 5월 31일, 건국 의회 개원. 이승만 국회의장이 개회 연설을 하고 있다.

위, 토지개혁, 교육진흥, 자립정신, 외교 등이 망라돼 있습니다. 이는 나라가 갖춰야 할 기본 요소이자 우리 헌법이 지향해야 할 방향을 제시한 것인데, 주목할 점은 토지개혁과 교육을 강조했다는 것입니다. 또한 무엇보다 국민이 주인이라는 점을 분명히 했다는 점입니다. 개인의 책임을 강조한 것입니다.

이제 헌법의 제정이 건국을 위한 다음 수순이자 과제였습니다. 헌법을 제정한다는 것은 국가를 세운다는 뜻입니다. 헌법은 국가의 기본 틀이기 때문입니다. 그런 의미에서 제헌헌법은 곧 건국헌법입니다.

헌법은 법 중의 법, 곧 최고 상위의 법으로서 모든 법을 규율하는 법입니다. 오늘날에도 국회에서 많은 법률이 만들어지거나 개정되고 있지 않습니까. 사회가 복잡해질수록, 다시 말해 개인과 개인, 개인과 집단, 개인과 정부 또는 국가 간의 관계가 다양하고 복잡해질수록 법률도 많아지거나 변화할 수밖에 없습니다.

그런데 각각의 법률이 통일성을 갖추지 못하면 사회는 큰 혼란에 빠지게 됩니다. 이를테면 법률과 법률 간에 충돌이 일어나면 문제가 발생합니다. 그래서 각 법률이 통일성을 이루도록 하는 기준과 원칙이 필요한데, 그것이 바로 헌법입니다.

이 설명은 헌법의 기능적 측면을 말하는 것입니다. 본질적 측면에서의 헌법은 그 나라가 추구하는 가치와 그 가치를 실현하는 길, 곧 사회의 운용 원리 또는 이념과 정체성을 담게 됩니다. 따라서 추구하는 이념과 정체성을 구현할 수 있는 최선의 구조를 갖추도록 해야 합니다. 그런데 우리 건국헌법은 그런 측면에서 여러 가지 문제점이 있었습니다.

먼저 건국헌법이 만들어진 과정을 살펴보겠습니다. 1948년 5월 31일 개원한 제헌국회는 하루 뒤인 6월 1일 헌법과 정부조

　　　　　　　　　　　　이승만의 위대한 성취

직법을 기초할 위원회를 구성하기 위해 10명의 전형위원을 선출했습니다. 그리고 이들이 기초위원 30명을 선출해 기초위원회가 구성되었습니다.

기초위원회는 한민당이 주도했다고 할 수 있습니다. 기초위원 30명 중 14명이 한민당 관련자였고, 헌법 초안 작성 실무 작업을 위해 선정한 전문위원 10명 중 3명도 한민당 관련자였기 때문입니다. 특히 당시 우리나라에서 유일한 헌법학자였던 유진오 박사가 전문위원회의 중심인물이었는데, 그의 지론이 건국헌법 초안에 크게 반영되었습니다.

6월 3일부터 제헌국회에서 헌법 초안에 대한 국회의원들의 독해와 논의가 시작되었습니다. 먼저 국호에 대한 논의가 이루어졌습니다. 대한민국, 고려공화국, 조선공화국, 한국 등 여러 가지 안이 제시되었는데, 다수결에 따라 대한민국으로 확정되었습니다. 이어 정부 형태에 대한 논란이 벌어졌습니다. 대통령중심제냐 의원내각제냐를 두고 논란을 벌였는데, 대세는 내각제였습니다. 이는 헌법 제정을 주도한 한민당의 이해와 유진오 박사의 개인적 소신이 결합된 결과였습니다. 유진오 박사가 한민당과 관련이 깊었다는 점을 주목하는 시각도 있습니다. 어쨌든 이승만이라는 거목을 상대할 인물이 없었던 한민당은 집권에 유리할 것으로 보아 내각제를 선택했고, 유진오 박사는 자신의 신념에서 내각제를 주장했습니다.

하지만 이승만 국회의장의 생각은 달랐습니다. 그는 대통령중심제를 강력히 주장했습니다. 이승만 박사는 미국의 제도를 가장 이상적으로 생각하고 있었습니다. 미국의 역사와 정신을 이해하고 있었고, 오랜 기간 미국에서 독립운동을 하면서 미국 민주주의를 직접 목격하며 미국이 세계 최강대국으로 우뚝 서는 것을 주의 깊게 바라보았기 때문입니다.

사실 신생 대한민국 앞에는 온갖 난관과 시련이 기다리고 있었습니다. 강력한 리더십이 절실했다는 점에서 정권의 안정성이 떨어지는 내각제보다는 대통령중심제가 적합했다고 보는 것이 합리적이라는 것이 많은 사람의 생각입니다. 유진오 박사는 정부와 국회가 마찰을 빚을 경우 정국 안정을 위해 내각제가 좋다고 본 반면, 이승만 국회의장은 바로 그럴 경우에 대통령중심제가 훨씬 안정적이라고 주장했습니다.

대통령중심제와 내각책임제 중 어느 제도가 정권의 안정성에 유리한지에 대해서는 논란의 여지가 있습니다. 일반적으로는 대통령중심제가 강력한 리더십으로 국가를 이끌 수 있어 안정적이라고 합니다. 반면 내각제는 정부가 국민의 신뢰를 잃어 국정 동력을 상실했을 때 의회를 해산하고 선거를 치러 새 내각을 구성할 수 있어 신속하게 위기에 대처한다는 주장도 가능합니다. 다만 내각, 곧 행정부가 자주 바뀔 수 있다는 점에서 안정성이 떨어진다는 반론도 있습니다.

이승만의 위대한 성취

어쨌든 이승만 국회의장의 강력한 주장에 다수 의원들이 따를 수밖에 없었고, 한민당도 결국 동의하지 않을 수 없었습니다. 처음에 한민당이 이승만 의장의 주장을 호락호락하게 받아들이지 않자 이승만 의장이 승부수를 던집니다. "오늘날과 같이 혼란한 정세 속에서 내각제를 하면 권력이 안정되지 않을 것"이라며 "만일 원안대로 채택되면 나 같은 사람은 모든 것을 그만두고 국민운동이나 하겠다"고 으름장을 놓았던 것입니다.

한민당으로서는 난감한 일이었습니다. 이승만 박사가 없는 건국은 상상하기 어려웠기 때문입니다. 독립운동의 상징이자 대중의 절대적 지지를 받는 이승만 박사가 한민당과 갈등을 빚어 스스로 물러나면 국민이 용납하지 않을 것이었습니다. 한민당이 온갖 비난을 받으리라는 것은 불을 보듯 뻔한 일이었습니다. 더욱이 이승만 박사가 대중 연설로 공격할 경우 한민당은 급속히 몰락과 해체의 길로 들어설 위험이 있었습니다. 결국 한민당이 물러섰고, 정부 형태는 갑자기 대통령중심제로 바뀌었습니다.

그런데 문제는 대통령중심제로 하면서 대통령을 국민의 직접선거로 뽑는 것이 아니라 국회가 선출하도록 했다는 점입니다. 이것은 모순이었지만, 어느 일방의 주장이 관철될 수 있는 상황이 아닐 뿐 아니라 이승만 의장이 모든 과정에 세세히 관여할 수는 없었기 때문에 대통령중심제이면서도 국회에서 대통령을 선출하는 절충안으로 봉합되었습니다.

이렇게 된 데는 한민당의 책임이 크다 할 수 있습니다. 국가의 기틀을 마련하는 마당에 당의 이해를 앞세웠기 때문입니다. 그 때문에 대통령제이면서도 내각제 요소가 강한 기형적 정치체제가 탄생한 것이지요. 그리고 이 때문에 나중에 문제가 폭발합니다. 이른바 '부산정치파동'이 그것입니다.

모순이 있기는 했지만 건국헌법은 자유민주주의의 초석을 놓았다는 점에서 의의는 매우 큽니다. 대한민국은 민주공화국이며, 주권은 국민에게 있고, 모든 권력은 국민으로부터 나온다고 선언한 것이 그것입니다. 또 국민의 기본권을 확고히 했습니다.

첫 번째 기본권은 평등권입니다. 당시에는 평등에 대한 국민의 열망이 컸기 때문에 평등권이 가장 일반적이고 보편적인 기본권으로 인식되었으며, 그것이 헌법에 반영된 것입니다.

두 번째 기본권으로는 자유권이 제시되었습니다. 우선순위에서 자유권과 평등권 중 어느 기본권이 먼저인가 하는 논란이 있을 수 있지만, 헌법에 자유권이 명기되었다는 점만으로도 의의는 크다고 할 수 있습니다. 기본권으로서의 자유에는 신체의 자유, 거주이전의 자유, 주거의 자유, 통신의 자유, 종교의 자유와 양심의 자유, 언론·출판의 자유, 학문과 예술의 자유, 재산권 등이 포함되었습니다.

그런데 경제 조항에는 큰 문제점이 있었습니다. 개인의 경제적 자유는 "국민에게 생활의 기본적 수요를 충족할 수 있게 하는 사회정의의 실현과 균형 있는 국민경제의 발전을 기하는 국가 경제질서의 한계 내에서 보장된다"고 규정했기 때문입니다. 자유 가운데 가장 중요한 것이 경제적 자유입니다. 그런데 개인의 경제적 자유가 국가가 목적으로 하는 경제질서의 한계 안에서만 허용된다면 온전한 자유의 보장이라 할 수 없습니다. 아니, 자유를 제한한 것이라고 할 수 있습니다.

광물 기타 중요한 지하자원, 수산자원, 수력과 경제상 이용할 수 있는 자연력은 국유로 한다는 조항, 운수·통신·금융·보험·전기·수리·수도·가스 및 공공성이 있는 기업은 국영 또는 공영으로 한다거나 대외무역은 국가의 통제 하에 둔다는 조항도 마찬가지입니다. 지금도 전기나 수리는 공공 영역으로 제한하고 있고 그 타당성이 인정되고 있지만, 이것들을 반드시 국가나 공공기관이 담당해야 하는 것은 아닙니다. 특히 앞부분의 운수, 통신, 금융, 보험 등을 공공 영역으로 제한한 것은 현재 시점에서 보면 선뜻 이해가 되지 않을 것입니다.

이러한 경제적 자유의 제한은 사실상 사회주의적 요소로 자유주의적 입장에서 보면 어처구니없는 것이며, 번영의 길로 가는 데 걸림돌로 작용할 수밖에 없는 것입니다. 사실 헌법은 큰 줄기와 방향만 제시하면 되는데 굳이 경제조항을 넣었다는 것 자체가 통제를 의미한다는 점에서 이는 바람직하지 않다고 생각합니다.

　건국헌법이 이러한 결점을 포함하게 된 것은 당시의 시대적 상황과 관련이 있습니다. 우선 지식인들조차 인식 수준이 높지 않았으며, 사회 분위기도 사회주의 지향성이 강했습니다. 자유권보다 평등권이 우선했던 것도 같은 맥락에서 이해할 수 있을 것입니다.

　비록 여러 가지 결점이 보이지만 건국헌법은 대한민국의 기초가 되었다는 점에서 의의를 과소평가할 수 없습니다. 당시에는 하루빨리 나라를 세워 출범시키는 것이 급선무였기 때문입니다. 건국헌법은 1948년 7월 17일에 공포되었습니다. 이날이 바로 제헌절입니다. 요즘에는 제헌절이 국민의 관심에서 멀어져 그냥 지나치는 일이 다반사입니다. 심지어 제헌절이 있다는 사실 자체를 알지 못하거나 잊어버리는 사람들이 많습니다. 하지만 제헌국회의 개원과 함께 건국헌법의 공포는 민족사 명장면의 한 장이 분명합니다.

　명장면의 세 번째 장이자 완성은 1948년 8월 15일의 정부수립입니다. 대한민국 정부수립은 이 땅에 처음으로 자유와 공화의 나라가 만들어진 역사적 사건입니다. 이에 앞서 제헌국회는 이승만을 초대 대통령으로 선출했고, 이승만 대통령이 정부를 구성했습니다.

이승만 대통령 취임식 이승만 건국 대통령이 역사적인 취임 선서를 하고 있다.

이승만이 초대 국회의장이 된 것이 당연시되었던 것과 마찬
가지로 대통령으로 선출된 것 또한 예정되어 있었다 해도 과언
이 아닙니다. 당시 이승만 '박사'의 위상이 어느 정도였는지는
초대 국회의장으로 선출될 때 국회의원 198명 중 188명이라는
절대다수의 지지를 받았다는 사실에서도 확인할 수 있습니다.
그는 대통령선거에서도 180표라는 압도적 선택을 받았습니다.
국민도 국회의원들도 이승만 박사의 대통령 선출을 당연시했
던 것입니다. 이때 백범白凡 김구金九는 13표를 얻었습니다. 참고
로 당시 대통령선거는 출마자가 따로 있었던 것이 아니라 제헌
국회의원들이 임의로 자기가 생각하는 대통령을 써내는 방식
으로 이루어졌습니다.

서울 중앙청 광장에서 거행된 정부 출범 기념식에서 이승만
건국 대통령은 대한민국이 개인의 자유를 보호하는 민주정체
라는 점을 역설했습니다.

> … 건국의 기본 요소가 될 만한 것을 몇 가지 들면 다음과
> 같습니다. 민주주의를 전적으로 믿어야 할 것입니다. 우리
> 국민 중에 혹은 독재주의가 아니면 이 어려운 초창기를 뚫
> 고 나갈 길이 없는 줄로 생각하며, 또 혹은 공산분자의 파괴
> 행동에 중대 문제를 해결할 만한 지혜와 능력이 없다는 관
> 점에서 독재권이 아니고는 방도가 없으리라고 생각하는 이

이승만의 위대한 성취

도 있으나 이런 것은 커다란 잘못이라고 우리는 생각합니다. … 민주제도가 어렵기도 하고 또한 더디기도 한 것이지만 의로운 것이 마침내는 악을 이긴다는 이치를 우리는 믿어야 할 것입니다.

둘째로 민권과 개인 자유를 보장할 것입니다. 민주정체의 요소는 개인의 기본적인 자유를 보호하는 것입니다. 국민이나 정부는 항상 주의해서 개인의 언론, 집회, 종교, 결사, 사상 등의 자유를 극력 보호해야 될 것입니다. …

셋째로는 자유의 뜻을 바로 알고 존중하며 일정한 한도 내에서는 항상 행사해야 할 것입니다. … 사상의 자유는 민주국가의 기본적 요소이므로 자유 권리를 사용하여 혹시 남과 대립되는 의사를 발표하는 사람이 있다 하더라도 이들도 모두 포용해야 할 것입니다. …

넷째로 서로 이해하여 서로 협의함이 우리 정부의 국건(國鍵 : 나라의 기본 - 필자)이 되어야 할 것입니다. 민주주의가 국민의 자유 권리와 참정권을 다 허락하되 불량분자들이 민권을 자유라는 구실로 불법으로 정부를 전복하려는 것을 허락하는 나라는 없는 것이니 누구나 다 명심하여 모든 것을 법에 의하여 행동하도록 조심하여야 할 것입니다.

다섯째로 정부에서 가장 힘을 쓰려는 바는 도시나 농촌에서 근로로 고생하는 동포들의 생활을 향상시키는 것입니다. … 새 주의로 모든 사람의 균일한 기회와 권리를 주장하며, 개인의 신분을 존중하며, 근로를 우대하여 법률 앞에는 다 동등으로 보호할 것입니다.

또 이 정부의 결심하는 바는 국제 통상과 공업 발전을 우리나라의 필요에 따라 발전시킬 것입니다. 우리 민족의 생활 정도를 상당히 향상시키려면 모든 산업을 발전시켜 농업과 공업의 산물을 외국에 보내고 필요한 외국 물자를 교환해 와야 할 것입니다. 그런즉 공업과 상업과 노동은 서로 떨어질 수 없는 유기적 관계에서 병진불패竝進不敗하여야 할 것입니다.

이를 통해 이승만 대통령이 자유민주주의를 처음 경험하는 국민을 일깨우며 대한민국이 갈 길을 분명히 제시하고 있음을 볼 수 있습니다. 당시 얼마나 많은 국민이 이 말을 이해했는지는 알 수 없습니다. 당시는 문맹률도 높았고 국민이 봉건왕조나 식민지 시대의 의식에서 벗어나지 못하고 있었기 때문입니다. 그뿐 아니라 당시 지식인조차 자유에 대한 이해도가 낮았습니다. 심지어 오늘날에도 상황은 마찬가지입니다.

이승만 대통령은 젊은 시절부터 민주주의에 대한 열망을 품고 있었습니다. 청년 이승만은 미국인 선교사 아펜젤러Henry Appenzeller가 1885년 설립한 배재학당에 입학하며 근대 서양문명에 눈을 뜨게 되었고, 이때 자유와 평등, 민권 등의 정치사상적 개념을 접하고 내면화했습니다.

이후 이승만의 평생에 걸친 독립운동은 단순히 일제로부터의 해방이 아니라 민주주의 국가로의 독립을 위한 것이었습니다. 하지만 우리 국민은 이 점을 잘 알지 못합니다. 역사 연구자들의 기만 때문입니다. 역사적 사실을 올바로 알리기보다는 시대의 조류를 좇아 대중의 인기에 영합한 사람들이 우리 현대사를 좌지우지했던 것입니다.

지워진
건국의 아버지

민족사 최고의 명장면이 어느 날 갑자기 하늘에서 뚝 떨어진 것은 아닙니다. 모두 알고 있듯 일제로부터의 해방은 우리 스스로 쟁취해낸 것이 아닙니다. 그 것은 연합국, 특히 미국이 태평양전쟁에서 일본을 제압했기 때 문에 가능한 일이었습니다.

그런데 해방이 곧 독립은 아닙니다. 해방으로 독립운동이 끝 났다고 혼동하기 쉬운데, 당연하게도 독립운동은 독립으로 완 성되는 것입니다. 즉, 대한민국 건국으로 비로소 독립이 완수된 것입니다. 따라서 해방 후 3년사는 대한민국 건국을 위한 최후 의 독립운동사라 할 수 있습니다. 대한민국은 저절로 성립한 나 라가 아닙니다. 해방에서 미군정을 거쳐 대한민국 건국으로 이 어지는 과정은 험난했습니다. 대한민국은 태어나지 못할 수도

이승만의 위대한 성취

있었습니다. 한반도에 공산주의 통일정부가 수립될 수도 있었다는 말입니다. 그것을 저지하고 기어이 대한민국을 탄생시키는 데 결정적 역할을 한 인물이 바로 이승만입니다.

이승만은 정치 지도자로서는 사실상 거의 혼자 힘으로 대중을 이끌며 한반도 전체가 소련의 영향권에 들어가지 않게 했을 뿐 아니라 정책 노선 자체가 불분명한 미국을 견인함으로써 대한민국의 탄생을 주도해냈습니다. 이승만은 그런 존재였습니다. 어떤 면에서 이승만 개인의 인생 역정이 대한민국 탄생의 준비 과정이었다고 할 수 있습니다.

지금 사람들은 잘 알지 못하지만 해방 정국에서 이승만은 요즘 말로 하면 '레전드', 바로 그런 존재였습니다. 독립운동가들 가운데 현재 우리 국민에게 가장 높은 평가와 존경을 받는 김구조차 견줄 수 없는, 그런 신화적 존재였습니다. 이승만이 그런 위상을 갖게 된 배경은 뒤에 상세히 설명하겠습니다.

어쨌든 당시 이승만은 한국에서 마술과도 같은 위력을 지닌 존재였습니다. 그가 가는 곳마다 그를 보려는 대중으로 인산인해를 이루었고, 그의 한마디 한마디는 이 나라의 지표가 되었습니다. 그런데 오늘날 우리 교과서는 이승만에 대해 부정적인 측면 외에는 거의 언급조차 하지 않습니다. 왜 그렇게 대단한 인물이 대한민국 역사에서 사라졌을까요.

사실 이승만이라는 전설적이고도 신화적인 인물이 왜 대한민국 역사에서 지워졌는지는 미스터리입니다. 대한민국 건국의 아버지가 왜 대한민국의 역사에서 지워지고, 역사의 장場에서 거의 완전히 유폐되었을까요. 그리고 대한민국 건국을 반대하면서 김일성과 소련의 술책에 힘을 실어준 김구가 왜 국부로 추앙받고 있을까요.

사실 백범 김구는 대한민국 건국을 반대하고 방해했습니다. 실현 가능성이 전혀 없었던, 그리고 김구 자신조차도 가능하다고 생각지 않은 '통일 조국 건설'이 그 명분이었습니다. 그래서 오늘날까지도 백범 김구는 민족 통일의 상징이자 겨레의 스승으로 추앙받고 있습니다. 그런 반면에 거의 혼자 힘으로 대한민국 건국을 쟁취하며 한반도 전체가 공산주의 소련의 지배 아래 들어가지 않게 함으로써 자유민주주의를 탄생시킨 이승만은 저주의 대상으로 전락했습니다. 이 불가사의한 현실을 어떻게 이해해야 할까요.

모두 한국 현대사를 왜곡되게 인식하고 가르친 데서 비롯된 일입니다. 그 때문에 사람들은 참이 일그러지고 거짓으로 얼룩진 한국 현대사를 진실로 알고 있습니다. 그래서 5·10 선거의 의미도, 제헌국회의 의의도, 대한민국 정부수립의 역사적 의미도 우리 국민의 머릿속에는 들어 있지 않은 것입니다.

이른바 진보라 자처하는 사람들은 1948년 8월 15일 정부수립이 건국이 아니라 1919년 상해임시정부 성립이 건국이라고

서울운동장에서 열린 임시정부 환국 환영식에서 담소하는 이승만과 김구 앞으로 전개될 자율 정부 수립 방법을 두고 이승만은 남한 단독선거의 길을, 김구는 남북 협상의 길을 고집함으로써 우익 진영의 두 거두가 갈라섰다.

주장합니다. 이는 1948년 건국의 의미를 퇴색시키려는 의도라 할 수 있습니다. 물론 상해임시정부의 성립은 중대한 의미가 있지만, 그것을 건국이라고 할 수는 없습니다. 국가의 구성 요소는 영토·국민·주권인데, 상해임시정부는 이를 갖추지 못했기 때문에 건국이라 할 수 없습니다.

더욱이 상해임시정부는 국제사회에서 인정을 받지 못했습니다. 이승만이 끈질기게 노력했지만 끝내 인정을 받지 못했습니다. 또한 초기 외에는 내각을 구성하기 어려울 정도였던 만큼 상해임시정부를 국가라고 하기는 어렵습니다. 그런 반면 1948년 대한민국은 유엔의 승인을 받았고 여러 나라와 수교도

했습니다. 따라서 진정한 의미의 건국일은 1948년 8월 15일입니다.

앞에서 지적한 대로 해방이 곧 독립은 아닙니다. 나라를 다시 세웠을 때 비로소 독립이라 할 수 있는 것입니다. 따라서 광복절도 1945년 8월 15일이 아니라 대한민국이 건국된 1948년 8월 15일로 봐야 마땅합니다. 사실 이승만 건국 대통령 정부는 그렇게 인식하고 있었습니다. '해방이 광복'이 아니라 '독립이 광복'이기 때문입니다.

우리에게는 당연히 있어야 할 독립기념일이 없습니다. 그것은 곧 광복절이 독립기념일이라는 의미입니다. 그런데 우리 국민은 그것을 잘못 이해하고 있습니다. 해방이 곧 독립이고 광복이라는 생각입니다. 그런 잘못으로 대한민국 건국이라는 한민족 최고의 명장면이 증발해버린 것입니다. 이것은 매우 잘못된 일이고, 반드시 바로잡아야 할 중대한 사안입니다.

물론 이승만 건국 대통령이 저주의 대상으로 전락한 데는 4·19 의거로 불명예 퇴진을 했다는 점이 작용했습니다. 하지만 4·19가 전부는 아닙니다. 또 4·19의 촉발이 이승만 대통령 때문만도 아닙니다. 정권을 빼앗기지 않으려는 욕심에 눈먼 자유당 세력이 저지른 부정선거가 4·19를 불렀습니다. 국가 최고 지도자로서 이승만 대통령의 책임이 없는 것은 아니지만, 노^老 대통령은 부정선거를 알지도 못했습니다.

이승만의 위대한 성취

잘못 알고 있는 사람들이 많은데, 사실 부정선거도 대통령선거에서 저질러진 것이 아닙니다. 이승만 대통령의 당선은 확정되어 있었습니다. 야당 후보자가 갑자기 사망하는 바람에 그렇게 된 것이지만, 설사 야당 후보자가 유고 상태가 아니었다 해도 이승만 대통령을 꺾을 수 없었다고 보아 틀림없습니다.

문제는 부통령선거였습니다. 당시 우리나라에서는 미국처럼 부통령 후보자가 대통령 후보자의 러닝메이트로 나오는 것이 아니라 부통령을 대통령선거와 동시에 치러지는 별도 선거로 선출하게 되어 있었습니다. 그런데 여당인 자유당의 이기붕 부통령 후보가 크게 약세여서 부정선거가 저질러진 것입니다. 만약 야당 부통령 후보가 당선될 경우 고령인 이승만 대통령이 사망하면 정권이 야당인 민주당으로 넘어갈 것이므로 이를 막기 위해 부통령선거에서 부정이 저질러졌던 것입니다. 하지만 이승만 대통령은 그에 대한 책임을 지고 스스로 물러났습니다.

한 가지 생각해보아야 할 것은 이승만 대통령이 정말 독재자였느냐 하는 점입니다. 그렇게 주장하는 사람들이 있는데, 세계 어느 나라에서 독재자가 스스로 물러난 사례가 있는지 묻고 싶습니다. 독재자들은 하나같이 끝까지 버티다가 국민에 의해 또는 다른 힘에 의해 강제로 퇴진을 당했습니다. 하지만 이승만 대통령은 4·19 의거 부상자들이 수용된 병원을 찾아 부상자들을 위문하며 "불의를 보고 일어나지 못하는 민족은 죽은 민족이다. 우리 선열들의 독립투쟁과 3·1운동을 이어받은 것"이라고 칭찬하고 격려했습니다. 대통령직을 내려놓고 경무대(후일의 청와대)에서 사저인 이화장으로 갈 때도 많은 시민이 몰려 나와 대통령을 배웅했습니다. 과연 그런 인물을 독재자라고 할 수 있을까요.

국민은 자유당 정권에는 분노했지만 이승만 대통령에 대해서는 끝까지 존경과 애정을 드러냈습니다. 물론 자유당 정권이 곧 이승만 정권인 만큼 이승만 대통령에게도 책임은 있습니다. 하지만 그는 독재자의 의식 세계에 있지 않았습니다.

이승만 대통령은 진실로 대한민국과 국민을 사랑했고, 끝까지 불완전한 나라를 온전한 나라로 바꾸기 위해 헌신했던 인물입니다. 대한민국은 이승만 대통령의 집념으로 일궈낸 위대한 성취였고, 그는 대한민국을 한시바삐 정상 국가로 올려놓으려는 일념에 사로잡혀 있었습니다. 그리고 그는 다른 사람들을 믿지 못하고 오직 자신만이 대한민국을 반석 위에 올려놓을 수 있다고 믿었습니다.

그것이 문제였습니다. 과욕이었지요. 이 때문에 이승만 대통령이 스스로 물러날 때를 놓쳤고, 노욕老慾이었다는 비판과 비난을 받습니다. 사실 당시 이승만 대통령은 이미 고령이어서 올바른 판단력을 상실하고 있었던 것은 아닌가 하는 생각도 듭니다. 그런 점에서 노욕이라는 지적도 일리가 있다고 봅니다.

이승만의 위대한 성취

이승만 대통령의 장례 행렬 온 국민이 거인 이승만의 장례 행렬에 함께했다.

하와이 병실의 이승만 이승만은 잠시 요양을 하러 하와이에 갔다가 끝내 귀국하지 못한 채 생을 마감했다. 눈을 감을 때까지 그는 고국을 그리워했다. 그의 곁에는 항상 영원한 동반자 프란체스카 여사가 있었다.

一

최후의
독립운동

2

**최후의
독립운동**

해방 정국

　　　　　　　해방은 일제의 패망으로 이루
어졌습니다. 그리고 한반도는 북위 38도선을 기준으로 이남은
미군이, 이북은 소련군이 점령했습니다. 이러한 분할점령이 종
국에는 남북 분단의 고착화로 이어질 줄은 아무도 생각지 못했
습니다.

　특히 미국의 정책 입안자들은 태평하게도 연합국의 일원인
소련과 협력해 한반도에 통일정부를 세운다는 방침을 세웠습
니다. 그것이 가능하지 않은 일이었다는 것은 나중에 판명되지
만, 분할점령 당시 미국 정책 입안자들의 머릿속에는 이에 대한
대비책이 없었습니다. 그만큼 소련과 공산주의자들에 대해 무
지했던 것입니다.

　남북 분할점령은 민족구성원 총의總意에 따른 건국의 기회를

앗아갔습니다. 남북의 모든 정치 세력은 각각 남과 북에서 새 나라 건설을 논의할 수밖에 없었습니다. 물론 북한에서는 그런 논의 자체가 없었습니다. 북한은 소련의 위성국가로서 소련군의 지시에 따라 일사분란하게 공산주의 국가 건설을 진행했습니다. 이에 반해 남한 지역에서는 혼미가 거듭되었습니다.

1945년 8월 14일 자정을 한 시간 앞두고 일제 식민당국의 군관 최고 책임자들은 일본 천황의 항복 메시지를 전해 들었습니다. 태평양전쟁이 갑자기 종말을 고하는 순간이었지요. 정무총감 엔도 류사쿠遠藤柳作와 그의 고문들은 치안 공백을 우려해 저명한 한국 지도자급 인물 몇 명에게 치안유지 책임을 맡기기로 결정했습니다.

총독부 관리들은 확실히 그들의 시대가 끝났으며, 정치 영역에서 격렬한 변화가 불가피하다는 것을 받아들일 수밖에 없었습니다. 그리고 일본인들의 생명과 재산을 지키기 위해서는 대중의 신망이 두터운 한국인 지도급 인사들의 협조가 절실했습니다. 그래서 그들이 선택한 사람이 송진우宋鎭禹, 여운형呂運亨, 안재홍安在鴻 세 사람이었습니다. 그런데 송진우는 이를 단칼에 거절했습니다. 그러자 총독부는 재빨리 여운형 쪽으로 방향을 틀었습니다.

여운형은 8월 15일 식민지 관리들과 접촉한 지 몇 시간 만에 그의 동료들과 조급한 협의를 거쳐 안재홍과 함께 '건국준비위원회(건준)'를 발족시켰습니다. 그리고 자신이 위원장을 맡고, 안재홍에게 부위원장을 맡겼습니다.

여기서 주목할 것이 건준의 좌익 성향입니다. 흔히 건준이 좌우·중도 세력이 다양하게 참여한 조직이었다고 주장하지만 사실은 그렇지 않았습니다. 무엇보다도 위원장인 여운형이 좌익이었습니다. 그의 이념적 성향에 대해서는 논란의 여지가 있지만, 중요한 것은 당시 우파 진영에게 그렇게 인식되고 있었다는 사실입니다. 그래서 우파 진영이 건준에 참여하지 않았던 것입니다.

1945년 9월 2일, 건준의 간부진 개편이 이루어지면서 건준의 좌익 주도는 더욱 분명해졌습니다. 전날 안재홍이 건준에서 탈퇴한 것도 그 때문이었습니다. 건준은 분명한 좌익 단체로서 하나의 정파로 자리매김할 수밖에 없었던 것입니다.

미군 진주를 앞두고 있던 9월 6일, 건준은 서둘러 '전국인민대표자대회'를 열고 '조선인민공화국(인공)'을 선포했습니다. 이들이 인공을 선포한 것은 미군에게 존재를 인정받기 위해서였고, 이는 중경 임시정부가 정부 형태를 취하고 있었다는 점을 의식한 것이었습니다.

좌익 중심의 인공이 선포되자 송진우를 중심으로 한 우익 진영은 발기인 200명 명의로 이를 부인하는 성명을 내는 한편, 9월 4일에 '대한민국 임시정부 및 연합군 환영준비위원회'를 구성했습니다. 이들은 임정의 귀국 시기를 예측하기 어려운 데다 인공에 대한 대응의 필요성 때문에 9월 7일 '국민대회준비위'로 개편하고 송진우가 위원장을 맡았습니다.

송진우는 국민대회와 관련해 두 가지 실익을 계산하고 있었습니다. 첫째, 국민대회가 연합군 환영을 주도할 때 점령군과의 관계에서 우익이 좌익을 제칠 수 있을 것이라는 판단이었습니다. 둘째, 임시정부 봉대(임정봉대)는 법통성의 문제이기 때문에 좌익도 함부로 시비를 걸기 어려우리라는 점이었습니다.

국민대회준비위는 당면 사업으로 다음과 같은 내용을 제시했습니다.

- 인공이 공산당과 그 동조자들의 모체 역할을 하는 데 대해 국민대회준비위는 민족진영의 모체 역할을 한다.
- 해외에서 환국하는 지사志士와 그 동포에게 편의를 베푼다.
- 연합군에 대해 국민을 대변한다.
- 민심안정과 치안유지에 협력한다.

이와 같은 좌우익 진영의 대결 양상은 북한과 달리 해방 정국의 남한에서는 혼란이 심화되어가고 있었다는 것을 보여줍니다. 특히 많은 정치 단체가 난립해 그야말로 백가쟁명百家爭鳴 시대를 이루었습니다. 9월 8일 미군이 한국에 진주한 뒤, 미 점령군 사령관 하지John Reed Hodge는 9월 12일 모든 정치집단에 경성 부민관으로 대표를 보낼 것을 요청했습니다. 이때 약 1천 200명이 참석한 것만 보아도 얼마나 많은 단체와 조직이 난립했는지 알 수 있으며, 한국인들의 과도한 정치 지향적 태도를 미루어 짐작할 수 있습니다.

하지 사령관은 그 자리에서 한국 정부로서 어느 하나의 당이나 단체를 승인할 의사가 없다는 것을 분명히 밝혔습니다. 당시 미 점령군은 인공을 잘 조직된 좌익운동 단체로 보고 있었으며, 다수의 군정청 관리들은 인공을 공산당이 조종하는 단체로 간주했습니다. 실제로 인공은 조선공산당의 박헌영朴憲永이 주도하고 있었으며, 여운형은 '간판'에 지나지 않는 존재였습니다. 군정장관 아놀드Archibald V. Arnold 소장은 군정청 조직을 발표하며 "미군정부는 남한에 있는 유일한 정부"라고 밝혀 인공을 인정하지 않았습니다. 미군정은 중경 임정에 대해서도 같은 태도를 취했습니다. 유일한 합법정부는 미군정이라는 것이었지요.

11월 30일, 인공은 이른바 '전국인민위원회 대표자대회'를 열어 미군정의 입장에 절대 승복할 수 없다는 결의문을 발표하는 등 강력히 반발하고 나섰습니다. 이에 따라 자연히 미군정의 탄압 대상이 될 수밖에 없었고, 급기야 12월 9일 경찰이 인공의 중앙인민위원회 사무소를 급습해 서류를 압수하는 강경 조치까지 나오게 됩니다.

한편, 우익 진영은 중경 임시정부 지지를 표명하며 9월 16일 한국민주당(한민당)을 결성합니다. 원세훈元世勳의 고려민주당, 김병로金炳魯와 백관수白寬洙 등이 고려민주당과 합작해 발기한 조선민족당, 백남훈白南薰과 윤보선尹潽善 등이 발기한 한국국민당 그리고 국민대회준비위 등이 모여 만든 것입니다.

이런 가운데 10월 16일에 마침내 이승만이 귀국합니다. 그는 10월 23일 '독립촉성중앙협의회(독촉)'를 발족합니다. 여기에는 좌우 양 진영이 모두 참여합니다. 심지어 박헌영의 공산당까지도 참여해 명실공히 모든 정파의 통합이 이루어지는 순간이었습니다.

하지만 통합은 오래가지 못했습니다. 이승만이 반소반공反蘇反共 입장을 분명히 했기 때문입니다. 이승만은 라디오 방송을 통해 공산주의를 신랄하게 비판했습니다. 이 때문에 조선공산당이 가장 먼저 독촉에서 탈퇴하고, 이어 여운형의 조선인민당도 이탈해 나가면서 독촉도 하나의 정파로 전락하고 맙니다. 독립촉성중앙협의회는 이후 독립촉성국민회로 개편됩니다.

김구와 김규식 등 중경 임정 요인들의 환국은 1945년 11월 23일과 12월 2일 두 차례에 걸쳐 이루어졌습니다. 이는 먼저 귀국한 이승만이 노력한 결과였습니다. 어떤 사람들은 이승만이 '잽싸게' 김구보다 일찍 귀국했으며, 그것이 이승만의 정치적 야망 때문이라고 주장합니다. 이것은 역사에 대한 무지의 소산

이승만의 위대한 성취

이거나 악의적 왜곡입니다. 왜냐하면 하지에게 중경 임정이 정부 자격으로 귀국하게 해줄 것을 요구한 사람이 바로 이승만이었기 때문입니다. 이승만은 상해 임정에서 대통령 탄핵을 받은 후에도 줄기차게 임정의 국제사회 승인을 위해 노력했습니다. 김구와도 호형호제呼兄呼弟하는 사이로 독립운동 전 기간에 걸쳐 긴밀히 협력했습니다.

그런데 하지는 이승만의 요구에 답하지 않았습니다. 임정의 정부 자격을 인정하지 않은 것입니다. 결국 김구 등 중경 임정 요인들은 개인 자격으로 귀국할 수밖에 없었습니다.

임정 요인들은 미군이 한국에 진주하기 일주일 전에 임시정부가 한국과 한국 민족의 이해와 운명을 결정하는 데 반드시 참여해야 하는 자명自明의 권리를 보유하고 있다고 선언했습니다. 그러면서 소련과 중국 연안에 거주하는 한국 공산주의자들 다수가 소련군의 북한 진주 때 함께 입북해서 공산주의 정권의 수립을 획책하고 있다는 사실을 미군정 당국에 경고했습니다. 이와 아울러 남한의 미군 점령 당국자가 점령 정책을 수행하는 데 도움을 주고 한국민의 협조를 얻게 하기 위해 임정 지도자들의 입국이 절실히 필요하다고 주장했습니다.

하지만 이런 요구가 받아들여지지 않았기 때문에 임정 요인들은 개인 자격으로 귀국할 수밖에 없었습니다. 결국 임정 또한 하나의 정파로 전락하고 말았습니다. 해방 정국에서 또 하나의 정파가 늘어난 데 지나지 않았던 것입니다.

　당시 주요 정치세력을 보면 실질적 권한을 가진 합법 정부로서의 미군정, 송진우 등의 한민당, 이승만의 독촉, 임정 및 김구가 이끄는 한독당, 안재홍의 조선국민당, 여운형의 조선인민당, 백남훈의 남조선신민당, 박헌영을 영수로 하는 조선공산당 등이 있었습니다.

　해방 정국의 최대 이슈는 이른바 신탁통치 문제였습니다. 미 국무부는 1945년 11월 3일 모스크바 미국대사관에 훈령을 내려 소련 정부와 교섭해 한국의 정치·경제·사회 통일을 유지하고 인위적 국토 분단으로 야기된 한국인의 생활상의 모든 장애를 제거하기 위해 원칙상 합의를 도출할 것을 지시했습니다.

　하지만 미국 측의 교섭에 대해 소련은 이렇다 할 관심을 보이지 않았습니다. 모스크바 주재 미국대사는 1945년 11월 12일 한국 신탁통치를 위한 소련 정부의 열의가 현저히 떨어졌음을 지적하며, 소련의 목표는 아마도 한국에서 어떤 국제적 후견 체제를 설립하기보다는 독자적인 친소 정치체제를 건립해 지배적인 영향력을 행사하려는 것 같다고 국무부에 보고했습니다.

　그런데 미국 정부의 신탁통치 구상에 대해 동경 주재 미국 정치고문 에치슨, 제2차 세계대전 이전에 한국에서 미국 영사를 지냈던 랭던 등이 신탁통치 방안을 철회하고 그 대신 미국이 한국의 정부수립을 위한 단계적 조치를 취할 것을 건의했습니다. 미국무부는 이에 대해 한국의 장래에 대한 전반적 문제를 검토 중에 있으나, 만일 미국이 한국의 통일과 독립에 대해 소련으로부터 명확한 보장을 확보할 수 있다면 신탁통치안을 철회할 것이라고 답했습니다.

이는 미국의 신탁통치 구상이 통일정부 구성을 위한 것이었음을 의미합니다. 미소 양군이 분할 점령함으로써 인위적으로 남북이 분단된 것을 원상회복하려 했다는 것입니다. 또 한반도에서 소련의 배타적 영향력이 형성되고 친소 체제가 들어서는 것을 막기 위한 것이기도 했습니다. 미국이 모스크바 삼상회의에 제출한 신탁통치안에서 한국에 '통일행정기구'를 설치하기 위해 미·소·영·중 4개 당사국 간의 토의를 제안하고 있다는 사실도 이를 뒷받침합니다.

이것은 미국이 소련과 공산주의를 너무 가볍게 보았다는 추측을 가능하게 합니다. 미국은 통일행정기구의 집행기구가 4개국 대표로 구성되고 미국이 최고 책임자가 될 것으로 예상했을 것입니다. 왜냐하면 집행기구가 미·영·중 3개국 대 소련 1개국으로 구성될 것이었기 때문입니다.

하지만 소련이 이에 순순히 따라줄 리 없었습니다. 소련은 두 나라가 공동위원회를 구성해 한국 문제를 풀어나가자고 미국에 역제안을 하고 나섰습니다. 미국은 몇 가지 사소한 수정안을 포함시켜 소련 측의 안을 수용했습니다. 그렇게 해서 나온 것이 '모스크바 협정'입니다. 미·영·소 3개국 외상이 모스크바에 모여서 1945년 12월 16일부터 25일까지 회의를 하고 결정한 내용입니다.

회의 결과는 28일에 발표되었습니다. 모스크바 협정의 한국 관련 핵심 내용은 다음과 같습니다.

- 한국에 민주적 임시정부를 수립한다.
- 임시정부 수립을 위한 미·소 점령군사령부의 대표들로 구성되는 미·소 공동위원회(미소공위)를 설치하며, 이 위원회는 민주적 제 정당 및 사회단체들과 협의한다.
- 미·소 공동위원회는 2주 안에 개최한다.

이 소식이 전해지자 한국에서는 신탁통치에 대한 반발이 거세게 일었습니다. 여기에는 좌우가 없었지요. 특히 조선공산당은 신탁통치 절대반대 성명을 내는 한편 문학가동맹, 전평(노동조합전국평의회) 등 하위 단체들을 내세워 신탁통치 반대 입장을 분명히 했습니다. 조선공산당 최고 간부였던 김삼룡 金三龍은 "탁치는 조선의 현실에 대한 잘못된 인식에서 나온 것이며, 인민의 의지를 무시하는 충격적인 사실"이라고 주장하는 장문의 성명을 발표했습니다. 공산당의 영수 박헌영은

이승만의 위대한 성취

1946년 1월 1일 하지와의 개인 면담에서 탁치 완전반대 입장을 밝히기도 했습니다.

그런데 1월 2일에 공산당이 돌연 반탁에서 찬탁으로 돌아섭니다. 왜 그랬을까요. 주목할 것은 공산당 정치국원 강진姜進이 서울 주재 소련영사관 샤프신과 장시간 요담을 나눴다는 점과 박헌영이 급히 평양에 갔다가 1월 2일 비밀리에 돌아왔다는 점입니다. 즉, 소련의 지령을 받았다는 뜻입니다.

이렇게 갑자기 태도를 바꾸니 웃지 못할 촌극이 벌어지기도 했습니다. 공산당은 1월 3일 '민족통일 자주독립 촉성 시민대회'를 개최하기로 했는데, 그것이 갑자기 '모스크바 삼상회의 지지대회'로 바뀐 것입니다. 공산당원들은 이유도 모르고 스스로 납득하지도 못한 채 지지대회를 열고 선전전을 펼쳤습니다.

박헌영은 1946년 1월 8일 내외 기자와의 공동회견에서 "조선에 대한 소련의 일개국 신탁통치를 절대 지지하며, 5년 뒤 조선은 소련의 일연방으로 참가하기를 희망한다"고까지 밝혔습니다. 대중의 원망을 각오하며 이런 의사를 밝힌 것은 소련의 목적과 의지를 알고 소련의 선택을 받기 위해서였을 것으로 보입니다. 소련의 점지를 받아야만 한국에서 공산당 영수가 될 수 있었기 때문입니다. 그러나 소련, 곧 스탈린의 선택을 받은 사람은 김일성이었습니다.

공산당 등 좌파는 찬탁으로 선회하면서 정치적 타격을 입었

찬탁 시위 반탁을 주장하던 공산당 등 좌익세력이 돌연 찬탁으로 돌아섰다.

습니다. 반면 우파 민족진영은 더욱더 반탁의 기치를 높이 들었고, 그 선봉에는 이승만과 김구가 있었습니다. 당시 고려대학교 학생회장이었던 이철승李哲承은 김구가 직접 반탁 학생운동을 지시, 고무, 격려했다고 생전에 필자에게 말한 바 있습니다.

김구는 신탁통치가 민족적 감정으로서 도저히 받아들일 수 없는 것이기도 했지만, 무엇보다 신탁통치를 받아들이면 중경 임정의 정통성을 부인하는 것이기 때문에 용납할 수 없었던 것입니다. 반면 이승만의 신탁통치 반대는 전혀 다른 쪽에 방점을 찍었습니다. 이승만은 미국과 소련의 협의에 따라 임시정부를 구성하는 것 자체를 저지하기 위해 신탁통치를 반대했던 것입니다.

찬탁과 반탁이 대립하는 가운데 1946년 1월 16일 예비회담을 시작으로 미소공위를 통해 미국과 소련 간에 협상이 진행되었습니다. 그러나 의안 심의에 대한 토의에서부터 입장이 엇갈

이승만의 위대한 성취

려 미소공위는 난항을 예고했습니다.

미국 측은 38도선의 철폐 및 전국을 하나의 행정·경제 단위로 재건하는 문제를 제의한 반면, 소련 측은 정치문제를 먼저 토의하자고 주장했습니다. 미국 측이 한국인들의 시급한 생활 과제 해결과 장차 탄생할 임시정부를 위해 행정 단위를 통합하자는 현실적 자세를 취한 반면, 소련 측은 그것을 피하기 위해 정치문제를 먼저 토론하자고 나섰습니다. 소련은 이미 북한에 공산주의 토대를 닦고 있었고, 소련의 위성국가 건설이라는 계획이 있었기 때문에 미국의 제안을 받아들일 수 없었던 것입니다.

소련 측이 말한 정치문제란 통일 임시정부를 수립하기 위해 어떤 남북 정당·사회단체를 참여시킬 것인가, 남북 간 참여 비율은 어떻게 할 것인가, 정치체제를 어떻게 결정할 것인가, 후견 체제는 어떻게 할 것인가 등 복잡하고 쉽게 합의에 이르기 어려운 문제를 말합니다. 소련 측은 정치문제를 두고 옥신각신하다가 양국이 각자 제 갈 길을 가는 식으로 결론이 날 것을 기대하고 있었습니다. 물론 미국 측이 소련 측의 요구에 순순히 응한다면 더 바랄 나위 없었을 것입니다.

미국 측은 정치문제는 상호 타협이 쉽지 않고 시간이 걸리는 만큼 상대적으로 쉽게 협조할 수 있는 비정치적 문제, 즉 경제·사회 부문에 대한 토의를 해서 협조가 이루어지면 그 바탕에서 정치문제를 해결하자고 했지만 소련 측은 고집을 꺾지 않았습니다. 이는 당연한 일입니다. 미국 측 안을 받아들이는 것은 남북 간에 하나의 행정체계가 수립된다는 것을 의미했으니 북한 공산화를 추진하던 소련 측이 원하는 바가 아니었습니다. 결국 예비회담은 임시정부 수립과 같은 정치문제를 토의할 공동위원회를 설치할 것이라는 공동성명을 내고 2월 5일에 성과 없이 폐회되었습니다.

미소공위는 3월 20일 덕수궁에서 다시 열렸습니다. 그러나 이 회의는 소련 측이 "모스크바 결정에 반대하는 정당이나 개인과는 협의를 하지 않을 것"이라는 원칙을 주장하고 미국 측이 이에 반대함으로써 공방을 거듭하다가 결렬되고 말았습니다. 소련 측은 신탁통치를 반대하는 정당이나 사회단체는 임시정부 구성에서 배제한다는 원칙을 내세웠습니다.

모스크바 협정에 따르면 미소공위는 한국의 모든 정당 및 사회단체와 협의하도록 되어 있는데, 협정 자체를 반대하는 정당이나 단체를 협의 대상으로 삼을 수 없다는 소련 측의 주장은 그 나름대로 논리적 기반을 갖추고 있었습니다. 하지만 미국 측이 이를 수용할 수는 없는 노릇이었습니다. 미국 측은 민주주의의 기본 자유인 표현의 자유를 보장해야 한다며 소련 측의 주장을 반박했습니다. 신탁통치 반대든 찬성이든 얼마든지 주장할 수 있어야 한다는 것입니다.

이승만의 위대한 성취

제2차 미소공위를 앞둔 1947년 5월 20일, 이승만은 거처인 돈암장에서 "모스크바 삼상회의 결의문에서 신탁조항을 삭제할 것, 소련은 의사표시의 자유를 보장할 것, 과도정부는 민주주의로 하되 미국식 민주주의와 소련식 민주주의가 연립하는 과도정부는 인정할 수 없으며 만약 그런 과도정부가 수립되면 남조선 공산화를 방지할 수 없을 것"이라고 주장했습니다. 그리고 자신의 주장이 받아들여지는 정도에 따라 제2차 미소공위에 대한 태도를 결정하겠다고 밝혔습니다. 이승만이 노골적으로 속마음을 드러낸 것입니다.

제2차 미소공위는 1947년 6월 21일에 개최되었습니다. 그런데 미소공위 참가 문제를 놓고 우익 진영이 분열하게 됩니다. 미소공위는 협정에 서명한 정당 단체만 협의에 참여시킨다는 소련 측의 완강한 입장을 미국 측이 수용하면서 합의점을 찾았습니다. 그러자 미군정은 우익 진영에 "협의회에 참석해 반대의사를 밝히면 되지 않느냐"며 서명할 것을 종용했고, 이에 우익 진영이 찬반 양론으로 갈리게 된 것입니다.

이승만은 미군정의 강력한 권고에도 서명을 거부했습니다. 그는 "회의에 참가해서 신탁을 반대할 수 있다는 말은 우리로서는 해석키(이해하기 - 필자) 곤란하다"며 "서명해서 (신탁통치를) 지지하기로 속이고 들어가 반대하겠다는 것은 자기의 신의를 무시하는 것"이라고 협정에 서명하고 참여하는 방식의 기만성을

덕수궁에서 열린 미소공동위원회 미소공동위원회가 1946년 1월 16일부터 2월 5일까지 서울 덕수궁에서 열렸다. 양측 대표인 하지 중장(왼쪽)과 스티코프 대장(오른쪽)이 첫 회의에서 담소하고 있다.

주장했습니다.

　우익 진영의 많은 정파와 세력이 서명을 하고 미소공위에 따르는 방향으로 나갔지만 이승만은 고집을 꺾지 않았습니다. 그 바람에 우파 진영이 분열하고 한쪽에서는 이승만을 반대했지만 이승만은 한 치의 흔들림도 없었습니다. 그는 자신이 옳다고 믿으면 대중의 눈치를 살피거나 대중에 아부하는 것이 아니라 오히려 대중을 설득하고 자신의 의지를 관철하는 사람이었습니다. 이승만의 그런 고집불통의 의지와 카리스마는 한국의 공산화를 막아내는 데 결정적 역할을 했습니다.

제2차 공위마저 협의 대상 문제로 결렬되면서 미소 양국의 협상은 결국 아무 성과 없이 막을 내리게 되었습니다. 이는 이승만이 기다려온 결과이기도 했지만 따지고 보면 역사의 필연이었습니다. 이승만은 그 역사의 필연을 깨닫고 이해했으며 흐름을 주도했습니다. 미군정은 물론 미국무부조차 이승만의 깊은 뜻을 이해하지 못했던 것입니다.

미국은 미소공위 기간 내내 하나의 딜레마에 빠졌습니다. 자신들의 우호 세력인 우익 민족주의 진영이 신탁통치를 결사반대함으로써 미국은 소련과의 협상에서 매우 어려운 입장에 설 수밖에 없었습니다. 그렇다고 우익 민족주의 진영을 배척할 수도 없는 일이었습니다. 소련의 경우 한국의 좌익 세력과 완벽히 호흡을 맞추고 있었던 반면 미국은 우파와 갈등 관계에 있었고, 특히 이승만은 갈등을 넘어 거의 적대적으로 대립각을 세우고 있었습니다.

사실 소련이 자국의 의지를 관철하는 데는 아무 장애가 없었습니다. 공산주의자들에게 소련은 절대적 존재였기 때문에 한국 공산주의 세력이 맹목적으로 복종하고 있었기 때문입니다. 어쩌면 소련은 공산주의 세력에 굳이 지령을 내리지 않아도 상관없었을 것입니다. 소련의 입장이 무엇인지 알면 공산주의 세력이 알아서 행동했으니까요.

이와는 달리 미국은 골머리를 앓았습니다. 소련은 집요하게 반탁 세력을 협의 대상에서 제외할 것을 요구했고, 미국의 입장은 궁색할 수밖에 없었습니다. 한국 임시정부 수립에 우익 민족 진영이 배제될 경우 한반도가 소련의 영향권에 들어갈 것이었기 때문입니다.

이러한 미국의 입장을 누구보다 잘 알고 있었을 이승만은 왜 그토록 집요하게 신탁통치 반대 입장을 고수했을까요. 이승만의 목적은 미소공위 자체를 파탄시키는 것이었기 때문입니다. 그는 미국과 미군정이 분노할 정도로 미군정을 공박했고, 미국의 대소련 협상정책을 근본적으로 반대했습니다. 그는 미국 정부의 반응에 전혀 개의치 않고 반소반공을 밀고 나갔습니다. 소련과의 협상을 주장하는 사람들에게는 서슴없이 비난을 퍼부었으며, 심지어 남한 점령군 사령관 하지를 공산주의자라고 공격하기까지 했습니다.

이승만은 이처럼 그 어떤 지도자도 보여줄 수 없는 태도를 취했습니다. 미국의 지지를 마다한 채 대립각을 세우는 것은 누가 봐도 어리석은 일인 데다 정치적으로도 큰 타격을 받을 수밖에 없었습니다. 또 국내에서 고립되어 정치 생명이 끝날 수도 있었습니다. 하지만 이승만은 끝까지 고집을 굽히지 않았습니다.

사실 이승만은 이런 강경 일변도 자세로 인해 미군정의 탄압도 받았습니다. 1946년 3월 19일, 미군정은 다음 날에 개최될

이승만의 위대한 성취

제1차 미소공위를 앞두고 철저한 반소반공주의자로서 신탁통치안을 격렬히 비판해온 이승만을 이화장(거처를 돈암장에서 이화장으로 옮긴 상황이었음)에 사실상 가택연금을 시켰습니다. 정문에는 미군 헌병을 세워두고 출입자들을 하나하나 조사했으며, 미군정청과 직통으로 연결되는 미군용 전화도 이화장에서 떼어갔습니다. 당시 한국 민간인 가운데 미군용 전화가 가설된 집은 이승만과 김규식의 집뿐이었는데, 3월 20일에 이 전화를 끊었던 것입니다.

미군정이 그렇게까지 한 것은 이승만을 순치馴致시키거나 아예 정치 일선에서 배제하려는 의도에서였습니다. 하지만 이승만은 이에 굴하지 않고 어떻게든 소련이 남한에 발붙이지 못하게 만들려 했습니다. 소련이 발을 들이면 종국에 가서는 한반도 전체가 소련에 넘어갈 것이라는 판단에서 소련을 극력 저지하려 했던 것입니다.

이승만에게 한국의 공산화는 평생을 바친 독립운동을 헛되게 하는 일이었습니다. 그의 독립운동은 이 땅에 자유와 공화의 나라를 세우는 것이었습니다. 그는 공산주의의 실체를 꿰뚫고 있었기 때문에 시종일관 반소반공 입장을 취했던 것입니다. 공산주의는 물론 그 어떤 형태든 전체주의란 상상할 수 없는 일이었습니다. 소련군이 점령한 북한 지역은 어쩔 수 없으나 남한만이라도 공산화에서 구해내야 한다는 것이 이승만의 신념이었습니다.

해방 정국 당시의 공산주의자들도 그랬지만 이후 많은 좌파 학자나 연구자들은 이승만을 미국의 앞잡이쯤으로 격하하고 공격했습니다. 이는 역사를 악의적으로 왜곡하는 것입니다. 실제 역사를 보면 이승만은 미국의 앞잡이는커녕 오히려 미국을 견인하고 리드했던 인물이기 때문입니다. 이승만은 늘 미국과의 투쟁을 통해 확실한 실리를 취하며 유리한 입지를 점했습니다.

사실 미국무부나 미군정은 이승만같이 과격한 반공주의자가 아니라 김규식이나 여운형, 안재홍 등 중도 성향으로 생각되는 인물들의 좌우합작을 지원했습니다. 미국이 이승만을 내세워 괴뢰 국가를 만들었다고 주장하는 사람들은 실제 역사를 있는 그대로 보기보다는 악의에 찬 선전선동을 하고 있을 뿐입니다. 그들의 주장대로라면 이승만과 미군정이 그토록 심각하게 갈등하지 않았을 것입니다.

이승만의 위대한 성취

결단

      이승만은 1946년 4월 15일부터 남한의 각 지역을 순회하며 일반 대중을 직접 만나 연설을 합니다. 이는 좌파 세력에 기울어진 여론을 바꾸고 독촉 지방조직을 확대해 우파 민족진영의 세력을 키우기 위한 것으로 반탁운동의 일환이었다고 할 수 있습니다. 김구가 서울을 중심으로 학생 등 대중을 동원하는 데 치중했다면 이승만은 거기에서 나아가 전국의 대중을 일깨우며 세력을 확대하려 한 것이지요.

    이승만의 전략과 전술은 주효했습니다. 그가 가는 곳마다 '전설' 이승만을 보려고 대중이 구름같이 몰려들었기 때문입니다. 적게는 1만여 명에서 많게는 10만여 명, 최대 20만여 명까지 운집했으니 당시로서는 상상하기 어려운 일이었습니다. 좌우를 막론하고 이처럼 군중을 몰고 다닌 정치인은 이승만이 유일했습니다.

강력한 카리스마와 여론의 절대적 지지야말로 이승만의 가장 큰 자산이었습니다. 이승만이 미국을 상대로 큰소리칠 수 있었던 것도 따지고 보면 이런 자산이 있었기 때문이라고 할 수 있습니다. 물론 이승만은 자신의 신념을 굽히지 않는 사람이었고, 여론의 눈치를 보는 사람도 아니었지만, 대중의 절대적 지지가 자신에게 있다는 것을 알았기 때문에 그렇게 자신 있는 태도를 보였을 것입니다.

이승만은 전국 순행(남선 순행) 도중 1946년 6월 4일 남원에서 깜짝 놀랄 만한 발언을 합니다. 이른바 '정읍 발언'입니다. 그 발언은 남한 정국에 더없이 큰 충격을 던져주었습니다. 그 누구도 입에 올리기 어려운 발언, 그것이 정읍 발언입니다. 다음은 그 일부분입니다.

> 이제 무기 휴회된 공위(미소공위 - 필자)가 재개될 기미도 보이지 않으며 통일정부를 고대하나 여의치 않게 되었으니, 우리는 남방만이라도 임시정부 혹은 위원회 같은 것을 조직하여 38선 이북에서 소련이 철퇴하도록 세계 공론에 호소하여야 될 것이니 여러분도 결심하여야 될 것이다. 그리고 민족통일기관 설치에 대하여 지금까지 노력하여왔으나 이번에는 우리 민족의 대표적 통일기관을 귀경한 후 즉시 설

이승만의 위대한 성취

치하게 되었으니, 각 지방에서도 중앙의 지시에 순응하여
조직적으로 활동하여주기 바란다.

　1946년 6월 12일, 이승만은 대한독립촉성국민회 총재에 취임하며 "가까운 시일 내에 민족통일사령부를 중앙에 설치하고, 국민운동의 최고 영도로서 독립전취운동을 조직적으로 강력하게 전개하겠다"고 밝혔습니다. 이는 정읍에서 민족의 대표적 통일기관을 설치하겠다고 발언한 데 따른 것이었습니다. 이어 6월 29일에는 민족통일기관으로서 '민족통일총본부'를 만듭니다. 총재는 이승만, 부총재는 김구였습니다. 이처럼 김구는 이승만과 계속 뜻을 함께하고 있었습니다.

　1946년 7월, 이승만은 상해임시정부를 계승한 형태로든 실행위원회를 구성해 내각 성원을 임명하는 형태로든 대한민국 정부를 수립해야 한다고 주장했습니다. 외세가 아니라 우리 스스로 정부를 수립하되, 그 정부는 궁극적으로 통일정부를 지향하는 과도정부라는 것이었습니다. 그는 나아가 "미소공위 결과가 우리의 기대와 일치한다면 그때는 정부를 구성하려는 계획을 포기할 수도 있지만, 그것이 만족스럽지 못하면 우리는 우리의 길을 가는 것이 올바르다고 생각한다"고 밝혔습니다. 이는 미소공위에 대한 정면 도전이었습니다.

　사실 북한에서는 이미 소비에트 공산화가 착실히 구체적으

로 진행되고 있었습니다. 소련은 스탈린의 지령 아래 북한 점령 초기부터 공산화 계획을 갖고 있었고, 김일성을 내세워 공산화 작업을 빈틈없이 추진해나갔습니다. 소련군이 북한 지역 최고의 명망가이자 민족주의자인 고당古堂 조만식曺晩植을 제거한 것도 그 계획의 일환이었습니다.

대중의 신망이 두터웠던 조만식은 어느 날 갑자기 북한 정치 무대에서 사라졌습니다. 대중은 그 이유를 몰랐고, 알려고 할 수도 없었습니다. 공산당 일파가 아닌 민족주의자들은 소리 소문 없이 종적을 감추었습니다. 대중은 짐작하는 바가 있어도 입 밖에 낼 수 없었습니다. 그런 가운데 공산 세력은 인민을 대표한다는 인민위원회를 앞세워 전체주의 공산 독재체제를 구축하고 있었습니다.

1946년 3월 5일 실시된 토지개혁으로 북한은 돌이킬 수 없는 공산주의의 길로 들어섰다고 할 수 있습니다. 이른바 무상몰수 무상분배 방식의 토지개혁으로 지주들에게서 토지는 물론 주택까지 몰수해 국유화했고, 이를 농민들에게 분배하되 소유권이 아니라 경작권만 부여했습니다. 땅과 집을 몰수당한 지주들은 다른 곳으로 이동 배치해 그곳에서 분배받은 농지를 경작하게 했습니다.

이와 같은 토지개혁은 사실상 북한의 공산화가 본격화되었음을 의미했습니다. 사유재산이 인정되지 않는 체제가 들어섰

이승만의 위대한 성취

으니까요. 농민은 토지를 분배받았지만 자기 소유가 아니었으므로 팔 수도 저당 잡힐 수도 없었습니다. 따지고 보면 농민들은 지주의 소작인에서 국가의 소작인으로 바뀌었을 뿐입니다. 그런 점에서 중세 유럽의 농노와 같은 존재로 전락했다고 할 수 있습니다.

이승만은 북한에 소비에트 공산화가 이미 구축된 상황에서 소련과의 협의 및 좌우합작 정책을 추진하던 미국무부와 미군정에 한반도의 운명을 맡길 수는 없었습니다. 오죽하면 좌우합작을 추진한 미군정 사령관 하지에게 공산주의자라고 독설을 퍼부었을까요.

물론 미국에 의지하고 미국의 동의를 얻어야 한다는 것을 이승만이 몰랐을 리 없습니다. 다만 미 정책 입안자들이 지나치게 신중한 데다 소련을 연합국의 일원으로 대하는 것이 그로서는 답답하고 불안했던 것입니다.

이승만은 마침내 결단을 내렸고, 그 결과가 정읍 발언이었습니다. 남한 단독선거를 주장하고 나선 것이지요. 그것은 아무나 할 수 있는 주장이 아니었습니다. 섣불리 단독정부 수립을 주장했다가는 여론의 뭇매를 맞을 것이었기 때문입니다.

하지만 이승만의 주장이라면 얘기가 달랐습니다. 대중의 절대적 지지를 바탕으로 한 카리스마 넘치는 이승만의 주장은 그 자체로 명분과 설득력이 있었습니다. 다른 정치인이라면 대중의 눈치를 살피며 통일정부 수립의 여망에 어긋나는 주장은 입 밖에도 꺼내지 못했을 것입니다. 따라서 정읍 발언은 이승만이기에 가능했으며, 이승만이기에 대중을 움직이게 했던 하나의 방향제시라 할 수 있습니다. 한국이 나아가야 할 바에 대한 이정표였던 것입니다.

사실 남한 단독선거와 단독정부 수립은 불가피한 것이었습니다. 이승만이 주장하지 않았더라도 남북은 분단으로 흘러갈 수밖에 없었을 것입니다. 중요한 것은 미국이나 한국 정치 지도자들이 암묵적으로 거기에 공감하고 동의했더라도 누군가가 나서서 공론화시키지 않으면 실현이 더뎠을 것이고, 그 결과 역사가 엉뚱한 방향으로 흘렀을 수도 있다는 점입니다. 만약 이승만 같은 존재가 없어서 공론이 통일정부 수립으로 흘렀다면 그 결과는 예측하기 어렵습니다. 이승만은 자신이 역사의 물줄기를 바로 잡는 역할을 수행해야 한다고 믿었기 때문에 대중의 눈치를 살피지 않고 신념으로 설득했던 것입니다.

이승만의 단선단정(단독선거, 단독정부 수립) 주장에도 불구하고 미군정은 미소공위의 성공을 위해 노력했습니다. 미군정이 좌우합작을 지원한 것도 같은 맥락이었습니다. 이승만은 미군정이라는 '한심한 친구들'을 상대로 시간을 허비할 수만은 없다고 판단했고, 급기야 남한 단독정부 수립을 유엔에 직접 호소하고 미국 조야를 설득하기 위해 1946년 12월 2일 미국으로 날아갔

이승만의 위대한 성취

습니다. 그 비용은 우익 진영의 모금으로 채워졌습니다.

1947년 2월 7일, 이승만은 미국무부에 다음과 같이 제안했습니다.

1. 선거에 의하여 남북 통일정부가 수립될 때까지 남조선의 과도정부를 수립할 것
2. 이 과도정부는 미소 양국 간의 교섭을 방해하는 바 없이 점령군과 기타 중요 문제에 관하여 미소 양국과 교섭할 것
3. 한국의 경제 재건을 위하여 일본에 대한 한국의 배상 요구를 속히 고려할 것
4. 평등한 지위에서 한국에 통상권을 행할 것
5. 국제환제도를 설치하고 통화를 안정시킬 것
6. 미군을 미소 양군이 동시 철퇴할 때까지 주둔할 것

이는 새로운 나라를 세우고 유지하는 데 절대적으로 필요한 사항이었습니다.

이승만의 미국 활동이 성공적이었는지 여부를 단적으로 말하기는 어렵습니다. 한 가지 단서는 1947년 3월 12일 미국의 해리 트루먼 대통령이 발표한 '트루먼 독트린'입니다. 트루먼 독트린은 한마디로 대소 봉쇄정책의 공식화였습니다. 이승만은 즉각 이를 환영하면서 이것이 모든 나라에 서광을 비추게 될

것이라고 말했습니다.

이승만은 트루먼 대통령에게 감사 편지를 보내 미군정의 좌우합작 정책을 포기할 것을 권했습니다. 나아가 미국이 관할하고 있는 지역(남한 - 필자)에서 즉각적인 과도 독립정부를 수립함으로써 공산주의 진출에 대한 방파제를 구축해야 한다고 주장했습니다. 지금 시점에서 보면 하나같이 옳은 주장이지만, 당시 사람들은 객관적으로 시대 상황을 볼 수 없었습니다. 이승만은 시대를 앞서간 인물이었던 것입니다.

1947년 4월 5일, 이승만은 미국에서의 활동을 마치고 귀국길에 올랐습니다. 귀국 도중 일본에서 이승만과 마찬가지로 반공주의자이자 이승만을 존경하던 장군 맥아더를 만났고, 4월 13일에는 중국에 들러 공산당과 싸우고 있는 장개석의 국민당 정부로부터 대대적인 환영을 받았습니다.

당시는 냉전이 시작되는 시대였습니다. 아무도 공산주의 소련의 속셈을 헤아리지 못하고 있을 때 이승만은 반소반공을 외쳤습니다. 지금이라면 누구나 알지만 당시만 해도 공산주의가 대중을 현혹하고 있던 상황에서 소련의 검은 속마음을 간파하기는 어려웠을 것입니다.

소련은 약소민족의 해방을 약속하며 세력을 확대하고 있었고, 많은 민족주의자들이 소련에 의지하는 상황이었습니다. 그들은 해방의 의미를 잘못 이해하고 있었습니다. 소련이 말하는

이승만의 위대한 성취

해방이란 프롤레타리아혁명이었는데, 당시에는 그 본질을 미처 알지 못했던 것입니다.

하지만 이승만은 달랐습니다. 그는 일찍이 공산주의의 본질을 꿰뚫고 있었습니다. 그래서 집요하게 미소 협력을 방해했고, 그것은 그에게 독립운동의 마지막 장이었습니다. 자유와 공화의 나라를 세우는 것이야말로 독립운동의 완성이었던 것입니다.

미소공위가 결렬되자 미국은 1947년 9월 17일 한국 독립 문제를 제2차 유엔총회의 의사일정에 포함시킬 것을 요청했습니다. 이어 10월 17일에 미국 대표는 미국의 제안을 구체화한 결의안을 유엔 사무총장에게 전달했습니다. 결의안의 주요 내용은 다음과 같습니다.

> 점령국은 1948년 3월 31일까지 남북한 전 지역에서 유엔 위원단의 감시 하에 선거를 실시해 국회나 중앙정부를 수립하며, 그 정부는 자국의 방위군을 창설하는 동시에 정부와 점령국 간 협정에 따라 점령군을 철수시킨다. 유엔 위원단은 한국 전역을 여행하며 선거를 감시할 수 있는 권한을 가지며, 점령군 철수에 대한 협정 체결과 관련된 사항에 대하여 협의할 수 있다.

결의안에는 국회의원 수는 인구 비례에 따르도록 한다는 내용도 포함되어 있었습니다. 이 결의안에 대해 소련 측 대표도 2개의 결의안을 제출했는데, 하나는 남북한에서 선출된 대표들을 초청해 한국 문제 토의에 참가시키자는 것이었고, 다른 하나는 1948년 초까지 점령군을 동시에 철수시키고 한국 정부수립을 한국인에게 일임하자는 내용이었습니다.

소련은 잘 조직된 공산주의 세력의 선전선동으로 무상몰수·무상분배 토지개혁의 본질을 잘 모르는 남한 대중을 현혹할 수 있다는 점, 북한은 이미 공산당에게 확실히 장악되었다는 점 등을 고려해 정부수립 문제를 한국인에게 일임하자고 나섰던 것입니다.

그러자 미국은 다시 유엔 한국임시위원단을 설치하자는 수정안을 냈고, 유엔총회는 이 안을 채택했습니다. 많은 회원국이 미국 측 안을 지지했던 것입니다. 소련 측 안은 소련권 밖의 국가들로부터는 지지를 받지 못했습니다.

유엔총회는 한국임시위원단을 오스트레일리아, 캐나다, 중국, 엘살바도르, 인도, 필리핀, 시리아 및 우크라이나 소비에트 사회주의 공화국 등의 국가로 구성한다고 결의했습니다. 각국 정부는 대표를 파견했으나 우크라이나 소비에트 사회주의 공화국은 대표 파견을 거부했습니다.

한국임시위원단은 1948년 1월 12일 서울에서 첫 회의를 여

이승만의 위대한 성취

는 것을 시작으로 활동에 들어갔습니다. 본래 유엔 결의는 3월
31일까지 선거를 실시하게 되어 있었지만, 소련이 한국임시위
원단의 입북을 막는 바람에 선거일은 5월 10일로 연기되었습
니다. 이후 총선이 실시되었고, 제헌의회가 헌법을 만들었으며,
그에 따라 대한민국이 건국되었습니다. 최후의 독립운동은 그
렇게 완성되었던 것입니다.

지성의
탄생

3

—
**지성의
탄생**

한성감옥에서 태어난
한국 최고의 지성

대한민국 건국은 이승만이라는 인물을 빼고는 설명할 수 없습니다. 아니, 그가 없었다면 대한민국은 탄생하지 못했을지도 모릅니다. 이승만은 어떤 인물일까요.

건국 대통령 이승만은 청년 시절 배재학당에서 근대 서양문명을 접하고, 자유·평등·민권 등의 정치철학과 가치를 내면화했으며, 민주주의를 갈망했습니다. 그런 점에서 이승만을 배출한 배재학당은 대한민국의 탯줄이라고 할 수 있습니다.

1875년에 태어난 이승만은 소년기에 과거급제를 목표로 서당에서 공부했습니다. 그는 여섯 살 때 천자문을 줄줄 외운 신동이었고, 서당에 다니면서 사서삼경을 독파하고 문장력을 갈고 닦았습니다. 서당에서 치르는 경연에서는 늘 장원을 차지했고, 열일곱 살부터는 본격적으로 한시를 지었습니다. 이렇게 천재 기질을 보였지만, 열세 살부터 나이를 속이며 응시한 과거에는 번번이 낙방했습니다. 그러다가 갑오개혁으로 과거제도가 폐지되면서 이승만은 갑자기 길을 잃게 되었습니다. 이는 우리나라를 위해서는 천만다행이었습니다. 이승만이 신학문에 눈을 돌리게 되고 1895년 지인의 권유로 배재학당에 입학했기 때문입니다.

배재학당 영어학부에 들어간 이승만은 놀랍게도 단 6개월 만에 영어를 터득해 유급 조교사tutor로 발탁되었습니다. 여기에서도 그의 걸출한 천재성이 드러납니다. 여섯 살 때 천자문을 뗀 것도 대단하지만 이는 6개월 만에 영어를 습득한 것에 비교할 바가 아니었습니다. 참으로 놀라운 일이었지요.

2년 반 만에 배재학당을 졸업한 이승만은 서재필이 1896년 7월 창립한 독립협회에 가입해 만민공동회의 명연설가로 이름을 날렸습니다. 나아가 자신이 만든 우리나라 최초의 일간지 〈매일신문〉과 〈제국신문〉 등에 고종황제의 보수 정권을 신랄하게 비판하는 글을 싣는 한편, 과격한 반정부 시위를 여러 번 조직했습니다. 앞에서 말했듯 그는 민주주의를 이상적인 제도로 보았으므로 입헌군주제를 도입하기 위해 급진적인 정치개혁 운동을 벌였습니다. 그의 행동은 목숨을 내놓고 하는 미친 짓이나 다를 바 없었습니다. 조선시대를 배경으로 한 사극史劇

　　　　　　　　　　　이승만의 위대한 성취

한성감옥의 이승만 왼쪽 끝 중죄수 복장을 한 사람이 청년 이승만이다.

에서 자주 들을 수 있는 '역모'였으니 말입니다.

결국 그는 1899년 1월 9일 군졸에게 체포돼 경무청 구치소에 감금되었습니다. 목숨이 경각에 달린 상황에 놓인 것입니다. 10kg의 무겁고 긴 칼을 쓰고 앉아 언제 사형에 처해질지 알 수 없는 나날을 보냈습니다. 이승만은 이때 기독교에 귀의하게 되는데, 그가 기독교인이 된 것은 훗날 그의 독립운동에 긍정적으로 작용합니다. 선교사들은 물론 미국의 목사들과 그들에게서 소개받은 미국의 저명인사들 등 인적 자산 확보에 큰 도움이 되었기 때문입니다.

다행히 1899년 7월 11일 재판에서 사형을 면하고 종신형을 선고받은 이승만은 한성감옥으로 이감되었습니다. 이때부터 이승만의 시간이 시작됩니다. 이 나라 최고의 지성으로 태어났기 때문입니다. 대한민국 건국이 거의 이승만 혼자 힘으로 가능했다는 점을 감안할 때 한성감옥 시기에는 이승만의 시간을 넘어 대한민국의 시간이 시작되었다고 할 수 있습니다.

이승만은 감옥에서 우선 수인囚人들을 대상으로 기독교 전도에 힘써 40여 명을 전도했고, 심지어 간수장까지 전도했습니다. 그리고 이승만을 존경하던 감옥서장 이영선의 배려로 옥중 학교를 개설해 운영하는가 하면, 선교사들이 차입해준 523권의 책과 잡지, 신문 등을 비치한 옥중 도서실도 만들었습니다. 감옥에 학교와 도서관을 만들다니, 당시 사정을 감안하면 이는 기적과 같은 형刑 행정의 개혁이라 할 수 있습니다. 이영선을 설득한 이승만도 대단하지만, 이승만의 건의를 수용한 이영선의 그릇도 컸습니다.

이승만이 옥중에서 수행한 활동이나 공부량은 상상하기 어려울 만큼 많습니다. 우선 그는 그리피스William E. Griffis의 『은둔의 왕국 조선Corea, The Hermit Kingdom』이라는 한국 근대사를 다룬 영문 책과 〈뉴욕 아웃룩New York Outlook〉이라는 잡지 등 많은 영문 자료들과 외국 신문을 통해 폭넓은 지식과 교양을 쌓았고, 국제

이승만의 위대한 성취

정보와 국제 정세까지 꿰뚫게 되었습니다.

연세대학교 인문과학연구소가 1999년 4월 간행한 유영익의 논문 「우남 이승만의 옥중잡기 백미(雩南 李承晩의 獄中雜記 白眉)」를 보면 이승만이 감옥에서 읽은 영문과 한문으로 된 책과 신문, 잡지 등의 목록이 나오는데, 그 분량이 열거하기 어려울 정도로 방대합니다. 방 안에 앉아 천 리를 내다본다는 말이 있는데, 이승만이 바로 그랬습니다. 그는 당시 한국, 영국, 중국, 일본 등에서 발간되던 주요 일간지와 월간지를 선교사들에게서 받아보고 있었기 때문에 옥중에서도 바깥세상 사람들보다 오히려 세상 돌아가는 형편을 더 잘 알고 있었습니다. 더욱이 그가 옥중에서 집필하거나 번역한 책과 잡문, 특히 142수의 한시 등을 보면 비범하고도 격조 높은 문장력에 감탄이 절로 나옵니다.

이승만이 옥중에서 가장 야심만만하게 추진한 작업은 영한사전을 만드는 일이었습니다. 그 자신이 그러했듯 대중이 서양 문물을 받아들이려면 영어를 습득하는 게 중요하다고 보아 영한사전을 만들기로 작정한 것입니다. 1903년 초, 그는 미국 선교사들이 차입해준 영어사전을 가지고 영한사전을 집필하기 시작했습니다. 1년 뒤인 1904년 초까지 A항에서부터 F항까지 작업이 진척되었습니다.

이승만이 영한사전 집필을 계속해 완성했다면 우리나라 최초의 영한사전이 탄생했을 것입니다. 하지만 아쉽게도 그는 이

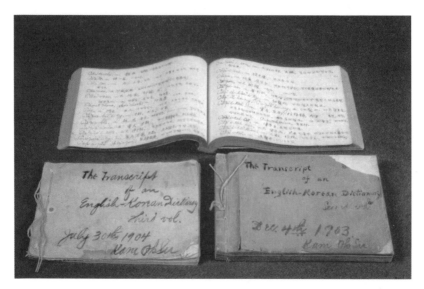

이승만의 영한사전 원고 이승만은 영한사전을 집필하며 A항에서 F항까지 마쳤으나 러일전쟁 발발 소식을 듣고 『독립정신』을 집필하기 위해 작업을 중단했다.

작업을 중도에 그만둘 수밖에 없었습니다. 그의 명저 『독립정신』을 집필하기 위해서였습니다. 『독립정신』 서문을 보면 그가 왜 영한사전 작업을 접고 이 책을 서둘러 썼는지 이유를 알 수 있습니다. 다음은 그중 일부입니다.

… 때마침 러일전쟁이 벌어지고 있어 남아로서 세상에 태어나서 유익한 일을 할 만한 경륜은 없지만 가만히 앉아 있을 수는 없었다. 분노가 치밀고 눈물을 금치 못하여 그동안

해오던 영한사전 작업을 중단하고 2월 19일부터 이 글을
쓰기 시작했다. 그러나 감옥에서 참고자료를 구하기가 어
려워 중요한 주제를 중심으로… 일상에서 쓰는 쉬운 말로
설명한 것은 읽기 쉽게 하려는 것이며, 한글로만 쓴 것도 많
은 사람이 읽을 수 있게 하려는 것이다.

이승만은 영한사전 집필을 한가한 일이라 여겼습니다. 러일
전쟁의 발발은 우리나라, 곧 대한제국이 위급한 상황에 처했다
는 뜻이라는 점을 정확히 읽어냈기 때문입니다. 이를 말해주는
것이 『독립정신』의 첫 장 '총론 : 우리 대한은 태풍을 만난 배와
같다'입니다. 다음은 그 일부입니다.

… 거센 풍랑으로 배에 탄 사람들이 죽느냐 사느냐 하는 위
기에 처했을 때는 배에 탄 사람이라면 모두 나서서 사공들
을 돕는다. 선객 모두가 각자의 이해관계를 떠나 합심하여
사공들을 도와 배가 난파하지 않도록 할 것이다. … 우리 대
한은 삼천만 백성을 싣고 폭풍우 몰아치는 바다 위에 표류
하는 배와 같다. … 지금부터라도 나라의 사정이 얼마나 위
태로우며, 왜 이러한 지경에 처하게 되었는지를 다루고자
한다. 우리가 지금 당장 빠져 죽어가고 있으니 정신 차려 보
기 바란다.

이승만의 책 『독립정신』 『독립정신』은 이승만이 한성감옥
에서 집필한 책으로 옥중 동지 박용만이 원고를 숨겨 나와
1910년 3월 미국에서 출간했다.

　지나간 역사를 다 아는 지금은 러일전쟁을 어떤 맥락에서 파
악해야 할지 잘 압니다. 지난 일이기도 하거니와 분석까지 끝나
있으니 객관적으로 그 시대를 바라볼 수 있다는 말입니다. 하지
만 그 당시 사람들이 자신이 처한 상황을 객관적으로 이해하기
는 당연히 어려웠을 것입니다.

　더욱이 일반 백성은 대부분 문맹이었고, 나라 돌아가는 사정

에 관심을 기울일 여유도 이유도 없는 상황에서 당시의 시대 상황을 객관적으로 이해할 것을 기대하기는 어려웠습니다. 이럴 때는 선각자들의 역할이 중요한데, 이승만은 그 임무를 자각하고 있었습니다. 그는 한성감옥에서 이미 이 나라 최고의 지성이자 선각자로 거듭났으며, 그가 감옥에서 집필한 『독립정신』이 그 사실을 분명히 드러내고 있습니다.

서문에서 밝힌 대로 이승만은 중요한 주제를 중심으로 이 책을 썼습니다. 첫 번째 주제는 나라가 기울어가는 데 대한 책임입니다. 그는 군주나 고위 관료들에게만 책임이 있다고 한 것이 아니라 국민(백성) 개개인이 맡은 바 직분을 다하지 않아 나라가 기울어가고 있다고 진단했습니다.

지금까지 망국의 원인을 이완용 등 을사오적에게 돌리는 게 상식이 되어왔지만, 이승만은 군주와 고위 관료는 물론 모든 백성에게 책임이 있다고 주장한 것입니다. 물론 이는 백성을 깨우치기 위한 표현이었지만 실제로도 그렇습니다. 한 나라가 얼마나 허약하면 간신배나 역적 몇 사람에 의해 망하겠습니까. 그런 일은 있을 수 없습니다. 그런 나라라면 역적이 없더라도 저절로 무너지지 않을까요.

이승만은 두 번째 주제에서 "책임을 다하지 못하면 반드시 화를 당하게 된다"고 역설하고, 이어서 "국민이 힘쓰면 문명부강한 나라를 만들 수 있다"고 강조했습니다. 주목할 것은 이승만이 '우리는 할 수 없다'는 생각을 버리고 스스로 행동에 나서야 한다고 강조한 점입니다. 사실 당시 사람들은 아무것도 하려들지 않았습니다. 무엇을 한들 무슨 소용이 있겠느냐는 자조적 사고에 빠져 있었는데, 그것은 조선왕조 500년의 산물이었습니다. 이 책의 서두에서 언급했듯 조선시대에는 전체 인구의 50% 안팎이 노비였습니다. 이 사실이 의미하는 바는 쉽게 생각할 일이 아닙니다.

자기 삶의 주인과 주인이 아닌 자, 곧 노예의 중요한 차이는 무엇일까요. 주인은 자유인이고 노예는 자유가 없는 사람입니다. 주인은 스스로 결정하고 책임을 지지만, 노예는 주인에게 결정을 맡기고 책임질 이유가 없습니다. 주인은 창의적으로 열심히 노력하지만 노예는 그래봤자 아무 소용이 없으니 창의적이지도 않고 노력도 하지 않습니다.

조선왕조 말, 곧 구한말 이 나라에 온 서양인들의 눈에 비친 조선 사람들은 굶어 죽지 않을 정도로만 일했습니다. 아무리 열심히 일해도 굶어 죽지 않을 정도 이상의 것은 모조리 양반이나 관료들에게 빼앗겼기 때문입니다. 그래서 자포자기하며 어떤 시도도 하지 않으려 했던 것이고, 이것이 바로 노예근성입니다. 이승만은 이러한 의식부터 바꿔야 한다고 본 것입니다.

이런 식으로 이승만은 50여 가지 주제를 정해 자신의 신념과 철학을 개진했습니다. 그 핵심을 간추려보면 자유와 독립,

통상, 교류 같은 개념입니다. 책을 집필할 당시는 이승만이 아직 미국 명문대에서 수학하기 전이었다는 점을 생각하면 놀랍습니다. 사실 지금도 사람들은 대부분 자유를 제대로 이해하지 못하고, 통상이 어떤 결과를 가져오는지도 깊이 알지 못합니다. 그런데 이승만은 그 당시에 이미 그런 철학과 신념을 지녔으니 이 나라 최고의 선각자이자 지성이었다고 할 만합니다.

이승만은 미국 독립의 역사, 미국의 독립선언문, 남북전쟁 등 미국 역사에 많은 지면을 할애했습니다. 또 자유와 평등을 쟁취한 프랑스혁명에 대해서도 설명했습니다. 『독립정신』은 국민을 계몽하는 데 목적이 있었습니다. 이를 통해 우리나라도 근대국가로 다시 태어나게 하려 했던 것이지요. 훗날 대한민국 건국을 주도할 최고의 지성은 이렇게 한성감옥에서 탄생했습니다.

한국의 지성에서
세계의 지성으로

　　　　　　　　　　　　이승만은 1904년 8월 9일 특별
사면령을 받고 석방되었습니다. 5년 7개월을 복역했는데, 사실
5년 7개월 동안 공부하고 지적 수련을 했으며, 나라의 미래를
위해 철학과 신념의 토대를 확고히 쌓은 셈이었지요.

　이승만이 특별사면을 받은 것은 고종황제의 필요에 따른 것
이라 볼 수 있습니다. 종묘사직이 위태롭다는 사실을 고종황
제도 모르지 않았고, 외국의 힘을 빌려 위기를 타개하려니 한
반도 영토에 욕심이 없는 미국의 도움이 필요했던 것입니다.
영어에 능통하면서 식견이 높은 이승만을 미국에 파견해 미국
으로부터 한국의 독립을 보장받으려는 계획이었습니다. 물론
이런 결정 뒤에는 민영환, 한규설 등 개혁파 중신들의 조언이
있었습니다.

이승만은 석방 후 민영환, 한규설과 접촉했습니다. 두 사람은 조만간 대한제국이 일본의 속국이 될 수 있다고 보고, 이를 타개할 방책으로 1882년 맺은 조미수호통상조약에 명시돼 있는 '중재'의 발동을 미국 대통령에게 탄원하기 위해 이승만을 밀사로 파견하기로 했습니다.

여기서 '중재'란 "제3국이 한쪽 정부에 부당하게 또는 억압적으로 행동할 때는 다른 한쪽 정부는 원만한 타결을 위해 중재를 한다"는 내용이었습니다. 이를 미국 대통령에게 탄원한다는 것은 쉽게 말해 일본이 대한제국을 집어삼키려 하니 미국이 좀 나서서 그러지 못하게 해달라는 의미였습니다. 그렇게 해서 이승만은 유학생 자격의 여권을 받아 미국으로 가게 되었습니다. 이때 고종황제가 여비를 주려고 시녀를 보내 궁으로 들어오라고 전했는데, 이승만은 고종황제 알현을 거절했습니다. 그는 전제국가로서의 독립이 아니라 민주와 공화의 나라로서의 독립을 원했으므로 고종의 도움을 받지 않으려 했던 것입니다.

이승만은 조정의 고관인 민영환의 메시지를 트렁크 속 이중바닥에 숨겨 미국으로 향했습니다. 그는 1904년 12월 31일 저녁에 워싱턴에 도착했고, 이튿날 워싱턴의 한국공사관을 찾아갔지만 아무 도움도 받지 못했습니다. 이승만에게 도움을 준 사람들은 선교사들이 소개해준 미국 목사들이었습니다. 그는 워싱턴까지의 여행 도중에 지인들의 도움을 받고, 교회에서 간증

하거나 연설로 얻은 약간의 돈으로 여행 비용을 충당했습니다. 밀사이면서도 조정(정부)으로부터 아무런 재정적 도움도 받지 못한 채 혼자 힘으로 비용 문제를 해결해야 했으니 참으로 고달픈 여정이었습니다.

이승만은 워싱턴 사교계에서 영향력이 컸던 햄린Lewis T. Hamlin 목사의 주선으로 조지워싱턴대학교 찰스 니덤Charles W. Needham 총장을 만났습니다. 햄린 목사는 한국에 있던 선교사들의 추천서를 보고 이승만이 기독교 선교에 큰 재목이 될 것으로 생각해 그렇게 했던 것입니다.

이승만은 배재학당의 학력과 실력을 인정받아 장학생으로 조지워싱턴대학교 2학년에 편입했습니다. 명문 조지워싱턴대학교에 장학생으로 편입한 것으로 보아 그의 지식수준이 매우 높았다는 것을 짐작할 수 있습니다.

그 뒤 이승만은 미 상원의원의 소개로 국방부 장관을 면담하고, 드디어 8월 5일 시어도어 루스벨트Theodore Roosevelt 대통령을 만났습니다. 물론 소기의 목적을 이루지는 못했지만, 일개 유학생이 미국 대통령을 만났다는 점은 참으로 놀랄만한 일입니다. 이는 이승만의 인적 자산을 보여주는 동시에 그의 인품이 높이 평가받았음을 말해줍니다.

이승만이 미국 정부가 중재자 역할을 하도록 미국 대통령을 설득할 수 없었던 것은 당시 미국이 이른바 가쓰라·태프트밀약

이승만의 위대한 성취

외교관 복장을 한 청년 이승만 이승만은 일본의 대한제국 강제 병합을 막기 위해 시어도어 루스벨트 대통령을 만났다.

을 맺은 상황이었기 때문입니다. 그것은 미국의 필리핀 지배와 일본의 한국 지배를 서로 인정하기로 한 밀약이었습니다.

이승만은 크게 실망했습니다. 그는 미국이 약속을 저버림으로써 한국이 일본의 식민지로 전락하게 될 것을 염려했습니다. 이후 두고두고 미국의 처사가 큰 잘못이었음을 지적하며 이를 한국 독립의 정당성을 주장하는 근거로 삼았습니다. 그의 정연한 논리는 뒤에 자세히 설명하겠습니다.

　이승만은 조지워싱턴대학교 학사 과정, 하버드대학교 석사 과정 그리고 프린스턴대학교 박사 과정을 6년도 안 걸려서 마쳤습니다. 이것은 최소 12년이 걸리는 일인데, 고등학교 정규학력도 없는 이승만이 그 짧은 기간에 해냈다는 것은 믿기지 않는 일입니다. 더욱이 눈에 띄는 것은 그가 역사학에서 정치학, 철학사, 외교학, 경제학까지 폭넓게 두루 섭렵했다는 점입니다.

　사실 미국 명문대학교 학사에서부터 박사에 이르기까지의 과정을 초단기간에 성취한 것은 한국인은 물론 미국인들에게도 전무후무한 기록입니다. 일본과 중국은 우리나라보다 먼저 수많은 유학생을 유럽과 미국에 파견했지만, 그들 가운데 이승만에 필적할 만한 성취를 이루어낸 사람은 없었습니다.

　더욱 놀라운 일은 그가 공부에 전념할 수 없는 상황에서도 그런 기적을 이루어냈다는 사실입니다. 이승만은 여느 학생들처럼 공부에만 몰두할 수 있는 처지가 아니었습니다. 그 이유는 우선 학업보다도 중요한 사명이 있었기 때문입니다. 즉, 헤이 국무장관과 루스벨트 대통령 등 미국 최고 지도자들을 만나 미국이 한국을 위해 거중조정 역할을 해줄 것을 요청하는 외교 활동에 많은 힘과 시간을 할애했던 것입니다. 또 미국 기독교회와 YMCA 등을 찾아다니며 한국이 어떤 나라인지 홍보하고, 한국 선교의 중요성을 강조하는 강연을 하는 데도 많은 노력과 시간

하버드대학교 시절의 이승만(뒷줄 왼쪽 끝)

을 들여야 했습니다. 그 와중에서 이룬 성취였으니 참으로 대단
합니다.

　그뿐 아니라 그는 한국인, 아니 동양인 최초로 미국 명문대
국제정치학 박사학위를 받았습니다. 미주 한인사회는 물론
미국인들에게까지 이승만은 경외의 대상이었고, 그 명성은
국내에까지 알려졌습니다. 그래서 그는 늘 '박사'라는 호칭으
로 불리게 됩니다. 그 시대 사람들이나 후세 사람들에게도 이

박사학위 기념사진 이승만이 미국 명문 프린스턴대학교 박사학위를 받고 찍은 기념사진.

승만 '대통령'보다 이승만 '박사'가 더 자연스러운 호칭이 된 것입니다.

이승만이 더욱 주목을 받은 것은 우드로 윌슨Woodrow Wilson 및 그의 가족들과 매우 친밀한 관계를 맺었기 때문입니다. 우드로 윌슨은 이승만의 스승이자 이승만에게 박사학위를 직접 수여한 프린스턴대학교 총장이었고, 나중에는 대통령이 된 인물입니다. 그런 대단한 집안과 돈독한 관계를 맺었으니 이승만이 한인사회의 주목을 받은 것은 당연한 일이었고, 그러면서 한인사회의 지도자로 부상하게 됩니다.

이승만의 박사학위 논문 「미국의 영향을 받은 중립Neutrality as Influenced by United States」은 역작으로 평가되어 이례적으로 프린스턴대학교에서 단행본으로 출간되기까지 했습니다. 제1차 세계대전 기간 중 공해상의 분쟁과 중립 문제가 현안으로 떠오르자 이승만의 논문이 주목을 받았고, 이승만은 그 분야의 권위자로 자주 거론되었습니다.

이승만은 언론인이자 권위 있는 학자였으며, 사상가였습니다. 또 조선의 전제군주제를 폐기하고 민주주의 국가를 세우려한 혁명가였으며, 대한의 독립을 위해 부단히 투쟁한 독립운동가이면서 세계평화를 꿈꾼 이상주의자이기도 했습니다. 그는 조선 최고의 지성에서 세계의 지성으로 우뚝 섰습니다. 이승만은 정중하고도 절제된 자세로 미국의 주요 정치지도자들을 만나 외교 활동을 전개했는데, 늘 카리스마 넘치는 위엄을 갖추고 있었습니다. 그의 외교 활동 상대도 미국 대통령들과 그에 버금가는 고위급 인사들이 대부분이었습니다.

　나아가 그는 많은 인맥을 쌓았습니다. 직간접으로 이승만을 도운 미국의 영향력 있는 인사들과의 친분은 그의 자산이자 곧 우리나라의 자산이었습니다. 윌슨은 프린스턴대학교 총장 시절 주위 사람들에게 이승만을 "미래 한국 독립의 구원자the future redeemer of Korea independence"라고 소개했습니다. 미주 한인들 중에는 이승만이 장차 한국의 최고 지도자가 될 것으로 믿는 사람들이 많았습니다.

이승만의 위대한 성취

험난한
독립운동의 길

4

**험난한
독립의 길**

출세의 길을
버리고

이승만은 프린스턴대학교 박사 학위를 받은 뒤 미국 시민권자가 되어 미국 대학에서 교수가 되는 등 안락한 삶을 누릴 수 있었습니다. 그도 그럴 것이 당시 미국은 유럽 국가들 곧 제국주의 국가들의 갈등과 분쟁의 소용돌이 속에서 중립을 지키고 있었는데, 미국 상선들이 공해상에서 분쟁국들의 공격을 받거나 검색을 당하는 일이 속출하면서 이승만 박사가 국제법 권위자로 언급되며 인정을 받고 있었기 때문입니다. 경우에 따라서는 교수로 있다가 미국 정부의 고위직이 될 가능성도 얼마든지 있었습니다.

하지만 이승만 박사는 그 길을 택하지 않았습니다. 도산 안창호 같은 독립운동가들이 미국 시민권을 취득했고, 많은 독립운동가가 중국에서 중국 국적을 취득했지만 이승만은 끝까지 미국 시민권을 취득하지 않았습니다. 독립운동을 하는 사람으로서 타국의 국민이 될 수는 없다는 것이 그의 생각이었습니다. 그런 지조를 가졌던 독립운동가는 이승만이 거의 유일할 것입니다.

이승만은 출세의 길을 마다하고 조국에 헌신하기 위해 귀국 길에 올랐습니다. 하지만 이미 일본에 병합되어 돌아갈 조국은 사라진 상태였습니다. 이승만은 한일병합조약 선포 나흘 뒤인 1910년 9월 3일, 뉴욕항에서 영국의 리버풀로 가는 발틱호에 몸을 실었습니다.

1주일간의 항해 끝에 리버풀에 도착한 이승만은 런던과 파리, 베를린, 모스크바 등 유럽의 주요 도시를 둘러보고 시베리아 횡단열차에 오릅니다. 그리하여 유라시아 대륙을 관통하여 만주를 거쳐 압록강을 건너게 됩니다.

열차는 10월 10일 저녁 8시쯤 서울역에 도착했습니다. 미국 길에 오른 지 6년 11개월여 만에 고국 땅을 밟는 순간이었습니다. 이승만이 미국에서 성취한 것을 생각하면 금의환향錦衣還鄕이어야 하지만, 그는 쓸쓸하고 서글픈 현실과 마주할 수밖에 없었습니다. 그를 아끼고 뜻을 같이했던 민영환은 자결했고, 한규설은 정치적으로 거세되었으며, 특히 대한제국이 일제에 강제 합병을 당했기 때문에 그의 탁월한 성취인 국제법과 정치외교학 등을 활용할 길도 없어졌습니다.

이승만의 위대한 성취

그런데도 굳이 이승만이 귀국한 것은 한국 YMCA를 통해 기독교를 전파하는 동시에 청년들에게 은밀히 독립정신을 고취하려는 의도 때문이었습니다. 그런데 이승만은 물론 YMCA에서 활동하는 우국지사들은 일제의 집중 감시 대상이었습니다. 당시 YMCA는 개화파 지식인들의 집합소였습니다. 독립협회 이래 지도자급 지식인들, 곧 이상재, 윤치호 등 독립을 꿈꾸던 인사들이 주역이었던 것입니다.

이승만은 서울 YMCA 학감(총무)으로 부설 고등학교에서 성경과 국제법을 가르쳤는데, 이때 그의 명강의를 들은 제자들 중에는 훗날 이름을 떨친 사람들이 많았습니다. 이를테면 대한민

YMCA 성경연구반 1910년 서울 YMCA 성경연구반 학생들 앞에 선 이승만(맨 앞 옆모습).

국 초대 외무장관 임병직, 공화당 의장 정구영, 과도정부 수반 허정, 대통령 윤보선, 대한상공회의소 소장 이원순 등이 있습니다. YMCA에서 중심적인 역할을 하던 월남 이상재도 한성감옥 시절 이승만이 전도한 인물이었고, 윤치호 역시 이승만과 뜻을 같이하는 인물이었습니다. 이들은 이승만을 추앙했고, 국내에서 이승만 지지 세력을 형성하게 됩니다.

이승만은 미국인 총무 브로크만Frank M. Brockman과 함께 전국순회 전도여행을 떠나기도 했습니다. 전국 기독교 학교를 방문해 YMCA를 조직하기 위한 여행이었습니다. 37일간 13개 선교부를 방문했고, 33차례의 집회와 강연을 했으며, 7천500명이 넘는 학생들을 만났습니다. 학생들에게 이승만 박사는 우상이었습니다. 그들은 이승만의 강연과 설교에 감동하고 미래에 대한 꿈을 키웠습니다.

지식인들이 YMCA를 중심으로 활동을 넓혀가면서 많은 사람이 참여했으니 일제가 이를 가만둘 리 없었습니다. 일제 경찰은 1911년 11월 11일 평북 선천宣川 신성학교 교사 7명과 학생 20명을 총독 암살미수 혐의로 검거해 서울로 압송했습니다. 당시 데라우치 초대 총독이 압록강 철교 개통식에 참석하고 서북 지방을 시찰할 때 암살하려 했다는 혐의를 날조한 것입니다. 이때부터 검거 바람이 불었습니다. 목표는 서울의 지식인들이었고, 무려 600여 명이 검거되었습니다.

이승만의 위대한 성취

당시 조선총독부를 대변하던 〈매일신보〉, 〈경성일보〉 등에서는 이 사건으로 체포된 이들 중 상당수가 기독교인이라는 점을 들어 미국인 선교사들의 선동에 따른 것으로 몰아갔습니다. 이것이 미국과 일본 사이의 외교적 갈등으로까지 비화되자 일제는 정치적 해결을 선택했습니다.

결국 체포된 600여 명 가운데 상당수가 증거 불충분으로 풀려났습니다. 또 기소된 123명에 대한 재판이 1912년 6월 28일부터 1913년 10월 9일까지 진행되었는데, 1912년 9월 28일 경성지방법원에서 열린 제1심 재판에서는 18명에게 무죄를 선고하고 나머지 105명에 대해서는 징역 5~10년의 유죄 판결을 했습니다. 이것이 바로 '105인 사건'입니다.

이승만도 당연히 주요 체포 대상이었습니다. 총독 암살미수 사건의 빌미가 된 제2회 전국학생 하령회夏令會를 개최할 때 윤치호를 대회장으로 옹립하고 실무를 맡아 처리했기 때문입니다. 하지만 이승만은 무사했습니다. 선교사들이 "이승만은 미국에도 잘 알려진 인물이어서 그를 체포하면 미국과의 관계에 심각한 문제가 발생할 수 있다"고 경고해 체포를 면할 수 있었습니다. 미국 시민권자가 아닌데도 이승만이 무사할 수 있었던 것은 명성 때문입니다. 총독부로서도 이승만이 체포되었다는 보도가 나가면 미국에서 일본에 대한 비난 여론이 일 것을 우려할 수밖에 없었습니다.

하지만 이승만은 이제 떠날 때가 되었다는 것을 알았습니다. 조국에 머물며 활동을 계속할 경우 무단통치 중인 데라우치의 조선총독부에 언제 끌려갈지 알 수 없었기 때문입니다. 미국 선교사들은 1912년 미국 미네소타주의 미니애폴리스에서 열리는 기독교 감리회 제4년 총회에 한국 평신도 대표로 참석한다는 명분으로 이승만이 출국할 수 있게 도왔습니다. 이처럼 미국 선교사들은 고비마다 이승만을 도와주었습니다. 이는 이승만이 기독교인이었기 때문이지만 우리 민족에게도 큰 축복이었습니다.

그렇게 이승만은 조국을 떠나 언제 돌아올지 기약도 없이 먼 망명길에 올랐습니다. 1912년 3월 26일 만 37세가 되던 날, 이승만은 서울을 떠났습니다. 도중에 도쿄에 들러 한국 YMCA 회관에서 67명의 한국 유학생을 만났습니다. 백남훈白南勳이 사회를 보고 조소앙趙素昂이 환영 연설을 한 이 환영모임, 한인학생대회에는 쟁쟁한 인물들이 모였습니다. 도쿄 한국 YMCA에 참여하고 있던 조만식曺晩植, 송진우宋鎭禹, 이광수李光洙, 안재홍安在鴻, 신익희申翼熙, 최린崔麟, 김병로金炳魯, 이인李仁, 현상윤玄相允, 윤백남尹白南, 김필례金弼禮 등 훗날 각계 지도자가 될 유학생들이었습니다. 이들은 국제적 인물이 된 이승만을 열렬히 환영했고, 비록 짧은 만남이었지만 이들 가운데 다수가 1920~1930년대에 자연스럽게 이승만의 국내 기반이 되었습니다.

도쿄에서 만난 이승만과 한인학생대회 참가자들 이승만은 미국 망명길에 들른 일본 도쿄에서 한인학생대회 참가자들과 만났다.

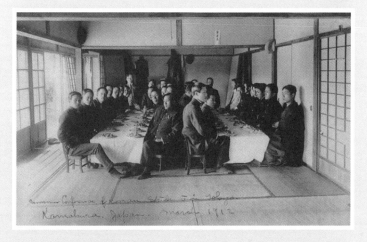

한인학생대회 참가자들과 함께 도쿄 한인학생대회 참가자들과 실내에서 찍은 사진이다.

미국으로 간 이승만은 은사인 우드로 윌슨을 세 차례나 만나 일본이 한국 기독교인에 대한 박해를 즉각 중지하고 종교의 자유를 허용할 것을 요구하는 성명서에 서명해줄 것을 요청하는 등 일본의 악행을 고발하는 데 주력했습니다. 이승만은 한국인의 처지를 호소하는 것보다 기독교인에 대한 탄압에 초점을 맞추는 것이 미국인의 마음을 움직이는 데 더 효과적이라고 판단했습니다. 미국은 기독교인의 나라였기 때문입니다.

이후 이승만은 일본 군국주의가 패망하기까지 고국에 돌아올 수 없었습니다. 그는 고되고 오랜 망명 생활 속에서 독립운동에 젊음을 바쳤습니다.

이승만의 위대한 성취

독립운동의 기지,
하와이

우리 교과서는 우리 독립운동사 중 무장투쟁을 가장 중요하게 다루고 있습니다. 봉오동전투나 청산리대첩 등에 대해서는 모르는 국민이 없습니다. 그러나 무장투쟁은 한계가 뚜렷한 독립운동 방식이었습니다. 당시 군국주의 일본의 군사력이 얼마나 막강했는지 생각해보십시오. 일본은 1941년 12월 8일 진주만 공격에서부터 1945년 9월 2일 항복문서에 서명할 때까지 무려 3년 9개월간 세계 최강의 군사대국 미국을 상대로 전쟁을 벌인 나라입니다. 그만큼 일본의 군사력이 세계적이었다는 말입니다. 그 이전에도 청나라와 러시아를 상대로 전쟁을 벌여 승리함으로써 세계열강과 어깨를 나란히 했습니다. 그러니 그 무력이 어느 정도였는지 알 만합니다.

특히 만주에 있었던 일본 관동군은 막강한 무력을 갖춘 군대였습니다. 그런 일본을 상대로 무기도 변변치 않은 데다가 봉오동전투와 청산리전투 이후 일본과 러시아의 흥계로 많은 수의 독립군이 죽거나 흩어진 상태에서 벌인 무장투쟁은 별 의미가 없었을 것입니다. 그런 점에서 무장투쟁이 독립운동에서 어떤 성취를 했는지는 의문입니다. 물론 그 기개와 뜻은 높이 평가받아 마땅하지만 실효성에서는 의미를 갖지 못한다는 말입니다.

우리 국민은 만주와 연해주 등지에서의 무장투쟁이 크게 과장되어 있다는 사실을 알지 못합니다. 그리고 무장투쟁이 만주와 연해주에 살던 우리 동포들을 어떤 상황으로 몰아넣었는지에 대해서도 관심이 없습니다. 이를테면 봉오동전투 이후 간도의 우리 동포들이 일본군에게 살육을 당했다는 비극적 결말에는 관심도 없고 잘 알지도 못합니다.

그러나 만주와 연해주 일대에 살던 동포들이 무장투쟁의 기반이자 동력이 되었던 것은 사실입니다. 미주에서는 하와이가 바로 그러한 독립운동의 기반이었고, 그 중심에는 이승만이 있었습니다. 물론 미주에서의 독립운동은 무장투쟁이 아니라 이승만 중심의 외교를 통한 독립을 추구했습니다. 문제는 우리 국민은 무장투쟁만이 독립운동이라고 생각한다는 것입니다. 외교독립론의 의미를 잘 이해하지 못하는데, 일본 군국주의를 무력으로 이길 가능성이 전무했던 우리나라로서는 사실 외교야말로 가장 유효한 독립의 길이었습니다.

물론 무장투쟁이냐 외교독립이냐 하는 문제는 칼로 무 자르듯 말할 수 있는 사안은 아닙니다. 중요한 것은 무장투쟁도 외교로 이어질 때 비로소 빛을 발할 수 있다는 것입니다. 이승만도 국제사회를 설득하는 방식의 외교독립론에 입각한 독립운동을 중시했지만 태평양전쟁 당시 우리 청년들을 참전시킴으로써 우리 임시정부가 국제사회, 특히 미국의 승인을 받게 하기 위해 노력했습니다. 그러면서도 실효성 없는 소규모 무장투쟁으로 인해 동포들이 심각한 피해를 입을 것을 더 염려했습니다. 그래서 이승만은 외교를 통한 독립운동을 중시했던 것입니다.

이승만에게 하와이를 독립운동의 기지로 삼게 한 사람은 그의 옥중 동지 박용만이었습니다. 이승만보다 몇 살 아래인 박용만은 한성감옥에서 이승만과 의형제를 맺은 인물로, 이승만의 『독립정신』 원고를 감옥에서 밀반출해 미국에서 출간할 정도로 이승만을 존경했습니다. 나중엔 독립운동 노선의 차이로 갈라서지만 말입니다.

하와이는 당시 미주에서 우리 동포들이 가장 많이 거주하는 지역이었습니다. 1898년 미국에 편입된 하와이는 사탕수수 재배로 유명했습니다. 1850년대 이래 중국, 일본, 필리핀 등 아시아 국가는 물론 포르투갈 등 세계 여러 나라에서 들어온 노동자들이 원주민과 함께 주요 구성원을 이루고 있었습니다. 우리나라 사람들도 1902년 대한제국이 이민을 허용한 뒤 1905년 일제 통감부가 한국인의 이민을 금지하기까지 2년 6개월쯤 되는 기간에 무려 7천400여 명이 사탕수수밭 노동자로 일하려고 하와이로 이주했습니다.

이승만은 1913년 2월 3일 하와이군도 중 하나인 오아후섬 호놀룰루에 도착했습니다. 이때 수많은 동포들이 부두에 나와 이승만 '박사'를 환영했습니다. 박용만이 미리 이승만에 대해 동포들에게 알려서 이 박사는 동포 사회에서 민족의 자랑이자 희망이 되어 있었던 것입니다.

이승만은 호놀룰루 한인자유교회 소유의 오두막집을 거처로 제공받았습니다. 그곳에서 이승만이 가장 먼저 시작한 일은 105인 사건과 관련해『한국교회핍박』이라는 책을 저술하는 것이었습니다. 이 책에서 그는 일본의 한국 병합으로 한국이 겉으로는 물질적 발전을 이룬 것처럼 보이지만 정신적·도덕적으로는 과거와 다름없이 저급한 상태에 놓여 있다는 점을 지적했습니다. 또한 한국인들이 기독교를 수용했기 때문에 앞으로 한국이 동양 최초의 기독교 나라가 될 것이며, 나아가 일등 국가로 부상할 것이라는 주장도 폈습니다. 이승만이 이처럼 기독교를 강조한 것은 그 자신이 독실한 기독교인이기도 한 데다 미국 사회를 움직이기 위해서였습니다.

『한국교회핍박』원고는 2개월 만에 완성되었고, 박용만이 주필을 맡고 있던 신한국보사에서 출간했습니다. 이후 이승만은

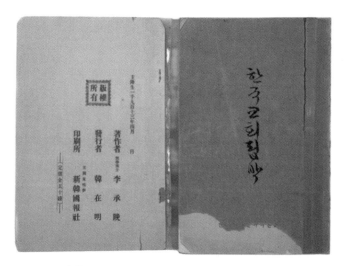

이승만이 저술한 『한국교회핍박』 이승만이 1913년 하와이에서 출간한 『한국교회핍박』의 표지와 판권 페이지.

하와이의 여러 섬을 찾아다니며 동포들을 면담하고 그들의 고충을 들었습니다. 이는 동포들을 위해 무엇을 할 것인가를 구상하기 위한 사전작업이었습니다. 물론 단순히 동포들을 돕는 차원에서만 생각한 것은 아니고, 동포들을 단결시켜 궁극적으로 독립의 토대를 쌓는 것을 중요하게 생각했습니다.

독립이라는 장기적 소망을 위해 이승만은 우선 〈태평양잡지〉라는 순한글 월간지를 창간했습니다. 1930년 말 〈태평양주보〉로 이름이 바뀔 때까지 17년간 발간된 이 잡지는 이승만 자신이 발행인 겸 주필을 맡아 동포들에게 기독교 신앙과 함께 애국심과 독립사상을 고취했습니다. 애초에는 영문 잡지를 만들어 세계에 한국 독립의 당위성을 전파하려 했는데, 그보다는 먼저 동포들을 일깨우는 게 중요하다고 판단해 계획을 바꾸었습니다.

이승만은 교육도 중요하게 생각했습니다. 나라의 독립을 위해서는 동포들에게 민족혼을 심어주고 독립정신을 고취하는 게 중요한 과제라고 보았던 것입니다. 때마침 호놀룰루에는 미국 감리교 선교부에서 운영하는 한인기숙학교가 있었는데, 학교 운영 책임자인 미국인 감리사 와드먼John Wadman 박사가 이승만에게 교장직을 맡아줄 것을 요청해왔습니다. 이승만은 흔쾌히 수락하고 교장직을 맡아 학교명을 한인중앙학원으로 바꾼 뒤, 교과과목을 개편해 성경을 포함한 정규과목 외에 한국어와 한국 역사, 한문을 가르치도록 했습니다.

여기서 꼭 강조할 점이 있습니다. 한인중앙학원의 전신인 한인기숙학교에는 하와이 전 지역에서 온 남학생 65명이 있었습니다. 이승만 교장은 이를 남녀공학으로 바꾸고 하와이 동포들을 대상으로 모금 운동을 벌여 여학생 기숙사를 지었습니다. 조선시대는 물론 구한말에도 남녀 구분은 엄격했습니다. 남녀칠세부동석男女七歲不同席이라는 말도 있지 않습니까. 하와이 한인 사회도 그 연장선 위에 있었습니다. 그런데 이승만은 그러한 구습을 과감히 타파하고 남녀공학을 시행한 것입니다.

이렇게 차근차근 기반 작업을 해나가다가 1915년 6월 이승

한인중앙학원 교직원, 학생들과 함께 1913년, 이승만이 교장을 맡았던 하와이 한인중앙학원 교직원 및 학생들과 함께 기념 촬영을 했다(앞줄 왼쪽 끝이 이승만).

만은 돌연 한인중앙학원 교장직을 사임했습니다. 여러 가지 이유가 있었지만 1914년 초 와드먼 후임으로 온 프라이 감리사가 이승만이 학생들에게 교육하는 내용, 곧 민족혼을 심어주는 것은 하와이의 인종혼합 정책에 반대하는 것이라고 반대한 것이 가장 큰 원인이었습니다. 민족교육을 실시하지 못한다면 이승만에게 교육운동은 의미가 없었습니다. 게다가 더 이상 미국 감리교 선교부에 의존할 필요도 없게 되었습니다. 이승만을 추종

하는 사람들이 하와이국민회라는 교민단체의 주도권을 장악함으로써 예산을 교육사업에 쓸 수 있었기 때문입니다.

1915년 7월, 이승만은 하와이국민회의 예산으로 학교 부지를 구입하고, 이듬해 초부터 한인학교와 교회의 자립을 위한 모금 운동을 벌여 그 비용으로 기숙사를 갖춘 한인여학원을 설립했습니다. 이승만은 이후 한인여학원 명칭을 한인기독학원으로 바꾸고 이사장직을 맡아 이 학교를 미국 감리교 선교부에서 완전히 독립한 남녀공학 민족교육기관으로 만들었습니다.

이승만은 뒷날 대한민국 건국 대통령이 되고 나서 1952년에 교포들에게 한인기독학원의 토지 등 재산을 매각하도록 해 15만 달러를 만들었습니다(이때는 하와이에 공립학교제도가 정착돼 한인기독학원은 사실상 학교로서의 의미를 잃은 상태였습니다). 그 돈으로 한국에 대학을 세우는데, 그 학교가 바로 인천에 있는 인하공대(지금은 종합대학)입니다. 인하대학교 교명은 인천의 첫 글자와 하와이의 첫 글자를 따서 만들었습니다. 그만큼 이승만은 독립운동에는 물론 건국 후 '나라 만들기'에도 교육이 중요하다는 확고한 신념을 갖고 있었습니다.

이러한 교육운동은 앞에서 설명한 선교활동 및 언론운동과 함께 이승만 독립운동의 한 축을 이루었습니다. 물론 추후 가장 핵심적인 독립운동은 외교 활동이었는데, 미주 한인사회, 특히 하와이 교민사회는 이승만 후원의 중추적 기반이 됩니다.

이승만의 위대한 성취

상해임시정부의
첫 대통령

　　　　　　　　　　1919년 3·1운동은 누구나 아
는 대로 우리 민족의 독립 의지를 세계만방에 알린 일대 사건이
었습니다. 그 뜻은 높고 웅장하며 깊었습니다. 또 다른 식민지
나라에서 일찍이 찾아볼 수 없었던 거족적인 비폭력 운동이었
습니다. 그런 점에서 3·1운동의 의의는 아무리 강조해도 지나
침이 없을 것입니다.

　그런데 이승만에게 3·1운동은 그전까지와는 전혀 다른 장場
을 열어준 사건이기도 했습니다. 이승만이 독립운동의 중심으
로 떠올랐기 때문입니다. 뒷날 그가 대한민국 건국을 주도했다
는 점에서 대한독립을 선언한 3·1운동이 이승만이라는 독립
영웅을 탄생시킨 것은 역사에 보이지 않는 손이 작용한 게 아닌
가 하는 생각마저 듭니다.

3·1운동 직후 한성(서울), 상해, 블라디보스토크(노령) 등 여러 곳에서 임시정부가 세워졌습니다. 그런데 모두 이승만을 정부 수반 또는 그에 준하는 직책으로 추대했습니다. 민족 지도자급 인물 가운데 이승만의 위상이 그만큼 높았다는 증거입니다.

  임시정부 가운데 가장 정통성을 인정받은 것은 한성임시정부였습니다. 한성임시정부는 1919년 4월 23일 서울에서 전국 13도 대표자 24명이 개최한 국민회의에서 선포한 정부였기 때문입니다. 한성임시정부는 이승만을 집정관 총재라는 직함의 최고 지도자로 추대했습니다. 국내에서도 이승만의 위상과 명성은 압도적이었습니다.

시카고 교포들이 한성임시정부 집정관 총재 선출을 기념해 만든 엽서 시카고 교포들은 이승만 박사가 한성임시정부 집정관 총재에 선출된 것을 기념해 컬러 우편엽서를 만들기도 했다.

이승만의 위대한 성취

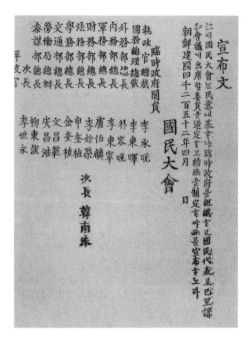

한성임시정부 선포문 1919년 4월 23일, 한성임시정부는 이승
만 박사를 집정관 총재로 선출했다는 선포문을 발표했다.

그런데 임시정부가 우후죽순 격으로 생겨나 곤란해짐에 따
라 통합임시정부를 세울 필요가 있었습니다. 도산島山 안창호安
昌浩를 중심으로 통합임시정부 수립을 위한 노력이 이루어졌고,
그 결과 상해임시정부가 탄생했습니다.

상해임시정부는 이승만을 정부 수반으로 추대했습니다. 첫
정부 수반은 제도상 국무총리였습니다. 그런데 이승만은 한성
임시정부 이래 세계 주요국 정상들에게 '대한공화국(또는 대한민
주국) 대통령'이라는 직함으로 공식 외교문서를 이미 보내놓은

상황이었습니다. 상해임시정부의 안창호는 이승만에게 전문을 보내 대통령이라는 직함 사용은 잘못이니 대통령 호칭의 사용을 중지할 것을 요구했습니다. 이에 이승만은 "이미 각국의 원수들에게 그 직함으로 외교문서를 보냈기 때문에 바꿀 수는 없으며, 우리끼리 안에서 다투면 독립운동에 악영향을 미칠 것"이라고 답했습니다.

이승만은 대한공화국 임시대통령 명의로 미국, 영국, 프랑스, 이탈리아 등 열강의 최고 지도자들과 파리강화회의 클레망소

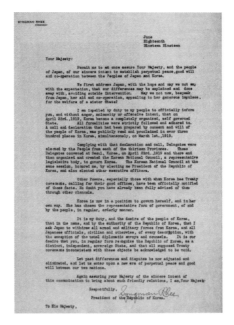

대한공화국 대통령 이승만 명의로 일본 천황에게 보낸 공문
1919년 6월 18일, 이승만은 대한공화국 대통령 명의로 일본 천황에게 공문을 보냈다.

이승만의 위대한 성취

의장에게 한반도에 '완벽한 자율적 정부'가 탄생했으며, 자신이 그 정부의 대통령으로 선출되었으니 대한공화국 정부를 인정해줄 것을 요구했습니다. 이승만은 일본 천황에게도 국서를 보내 한반도에 대한공화국이 수립되었으니 일본은 이 정부를 승인하고 군대와 관리들을 모두 철수하라고 요구했습니다. 이 국서는 이승만의 비서인 임병직이 워싱턴 주재 일본대사관에 직접 전달했습니다.

이런 상황에서 대한공화국 대통령 명의로 각국 원수에게 보낸 외교문서를 휴지 조각으로 만들 수는 없는 노릇이었습니다. 국제외교 무대에서 굳이 국무총리를 고집할 이유도 없을 뿐 아니라 대통령president이 더 유리할 것이기 때문에 임시정부는 국무총리중심제에서 대통령중심제로 헌법을 개정함으로써 이승만의 주장을 수용했습니다.

여기서 주목할 것은 이승만을 정부 수반으로 추대한 사람들이 미주 한인들이 아니라 만주와 연해주, 국내 인사들이었다는 점입니다. 이는 당시 이미 여러 지역의 한인사회에서 이승만의 위상이 확고했다는 것을 말해줍니다.

그런데 지금 우리 국민은 상해임시정부라고 하면 김구를 떠올립니다. 이승만이 초대 대통령으로 추대되었다는 사실을 많은 국민이 알지 못합니다. 학교에서 상해임시정부를 가르치면서도 이승만을 언급하지 않기 때문입니다. 왜 학교에서는 이승만을 가르치지 않을까요. 독재자의 오명을 뒤집어쓴 인물이라서 그럴까요. 설사 독재자였다 해도 독립운동의 역사에서 실제로 있었던 사실도 없애버리는 게 옳을까요. 이는 매우 잘못된일입니다. 역사를 왜곡하는 것이기 때문입니다.

3·1운동 이전 이승만은 하와이에서 한인기독학원 운영에 주력하면서도 국제질서 재편 흐름을 주시하고 있었습니다. 제1차세계대전이 끝나면 전쟁을 마무리할 강화회의가 열릴 텐데, 이강화회의에서 식민지 약소민족의 독립 문제가 제기될 것으로예상했습니다. 당시 신흥 강자로 떠오른 미국의 대통령이 민족자결주의를 선언한 바 있고, 바로 그 대통령이 자신의 은사 우드로 윌슨이었기 때문에 이승만은 큰 기대를 걸고 있었습니다.

이승만은 1918년 10월 마침 하와이를 찾은 여운형의 동생여운홍에게 이러한 자신의 생각을 말해주고, 국내 민족 지도자들이 적당한 시기에 윌슨의 관심을 끌 대중 시위를 조직할 것을주문했습니다. 이승만의 이 요청이 얼마나 영향을 미쳤는지는알 수 없지만, 5개월 뒤 3·1운동이 일어났으니 우연이라고 보기는 어려울 듯합니다.

1918년 11월 11일, 제1차 세계대전이 끝나자 하와이 교민들은 이승만에게 한인기독학원 일을 잠시 멈추고 파리강화회의에한인 대표로 참석할 것을 강력히 권했습니다. 또 샌프란시스코에 본부가 있던 대한인국민회 중앙총회(회장 안창호)가 11월 25일

임시협의회를 열고 이승만, 정한경, 민찬호를 파리강화회의에 참석할 한인 대표로 선출했습니다.

그래서 이승만은 하와이를 떠나 미 본토로 향했습니다. 그는 로스앤젤레스로 가서 안창호를 만나고 필라델피아로 가서 서재필, 정한경, 장택상, 민규식 등을 만나 한국 독립운동 전략을 논의했습니다. 그런데 파리에는 갈 수 없었습니다. 미국에서 비자를 내줘야 하는데 이승만은 미국 시민권자가 아니어서 미국 정부 소관이 아니라는 것이었습니다. 대한제국이 일본에 병합되었기 때문에 공식적으로는 일본영사관에 비자 발급을 신청해야 하는데, 이승만이 원수의 나라 신민이 될 수는 없는 노릇이었습니다.

이승만은 무국적자였습니다. 그가 미국 시민권을 획득하지 않은 것은 독립운동을 하는 입장에서 타국 국적을 가질 수는 없다고 생각했기 때문입니다. 앞서 이야기한 대로 이승만은 미국 명문대 국제정치학 박사학위를 받았을 뿐 아니라 그 분야의 전문가로 통했던 만큼 개인의 영달만 생각했다면 얼마든지 미국에서 대학교수로 안락한 삶을 누릴 수 있었습니다. 하지만 이승만은 그 길을 마다하고 평생을 독립운동에 헌신할 것을 다짐했고, 미국 시민권을 획득하지 않은 것도 그 때문이었습니다.

파리강화회의에 참석할 수 없게 된 이승만은 실망했습니다. 그런데 이때 정한경이 안창호의 대한인국민회와 협의해 이승만에게 위임통치 청원을 제안했습니다. 완전한 독립을 전제로 위임통치 청원을 국제연맹에 제출하자는 것이었습니다. 이승만은 이에 동의하고, 1919년 2월 25일 파리강화회의에 제출해 달라는 청원문을 윌슨 미국 대통령에게 보냈습니다.

그 직후 3·1운동이 일어났고, 그 소식은 열흘쯤 뒤에 미국에도 전해졌습니다. 이승만은 국내에서 거족적인 항일운동이 벌어졌다는 소식에 서재필과 함께 4월 14일 필라델피아에서 한인 대표자대회를 개최했습니다. 이 대회에는 각지에서 온 한인 대표 150여 명이 참가했습니다. 서재필이 의장을 맡은 이 대회에서 이승만은 '미국에 보내는 호소문' 등 결의안을 작성해 통과시키고, 3·1 독립선언문을 영문으로 번역해 낭독했습니다.

필라델피아 한인 대표자대회는 국내의 저항운동에 호응하면서 미주 한인사회에 독립운동 정신을 고취하는 한편, 미국 사회의 관심과 공감을 불러일으키기 위한 대회였습니다. 그 의미는 여느 독립운동보다 작다고 할 수 없습니다.

3·1운동 직후 여러 곳에서 임시정부가 생겨났다는 것은 이야기했습니다. 이승만은 자신이 한성임시정부의 집정관 총재로 추대되었다는 소식을 듣고 7월 17일 워싱턴 D.C.에 대한민주국 공사관을 개설했습니다. 임시정부가 수립되었으니 이제한 사람의 명망가로서가 아니라 집정관 총재로서 이를 십분 활용할 필요가 있었던 것입니다. 그런데 집정관 총재가 집무를 보

이승만의 위대한 성취

구미위원부 구성원들 1920년 3월, 워싱턴 포틀랜드호텔에서 구미위원부 구성원들과 함께한 이승만 임시대통령(앞줄 중앙).

는 곳을 공사관이라고 하는 것은 이치에 맞지 않아 8월 25일 '구미위원부'로 명칭을 바꾸었습니다.

　이승만은 서재필, 친한파 미국 기독교인들과 8개월에 걸쳐 미국 주요 도시를 방문해 교회나 YMCA, 대학 및 상공회의소 등에서 강연회를 열고 일본의 만행을 고발하는 한편 대한민주국

지지를 호소했습니다. 그러면서 미국 각지의 동포들에게 구미위원부 모금 운동에 동참해줄 것을 호소하고, 한국에 동정적이거나 우호적인 미국인 목사나 교수 및 기업인들을 중심으로 '한국친우회'를 곳곳에 조직했습니다.

구미위원부는 독립운동 자금을 모금하는 한편 미국 의회를 상대로 한 활동도 펼쳤습니다. 상하원 의원들에게 일종의 로비를 벌여 한국 독립 문제를 의회에 상정하게 하자는 것이었습니다. 그 이후 미국 의회에서 한국 문제가 곧잘 거론되곤 했습니다. 그리고 마침내 1920년 3월 17일 상원 본회의에 한국 독립안이 상정돼 표결에 부쳤는데, 아쉽게도 34 대 46으로 부결되고 말았습니다.

우리 독립운동 연구에서 이 '사건'은 거의 다루어지지 않았습니다. 미국 의회에서 한국 독립이 결의안으로 채택된다면 그 의미는 말할 수 없이 컸을 것입니다. 의회의 뜻이 행정부를 움직일 것이기 때문입니다. 비록 성공하지는 못했지만 이 사건은 그 어떤 종류의 독립운동보다 의의가 컸습니다. 그런데도 그 노력이 독립운동사에서 외면을 받아온 것은 외교독립론의 취지나 의미를 깨닫지 못해서였거나 의도적으로 배제한 것이 아닌가 생각합니다. 그런 점에서 외교독립론에 대한 독립운동사 연구나 국민 일반의 인식은 반쪽짜리거나 왜곡된 상태라 할 수 있습니다.

상해임시정부의
민낯

이승만은 상해임시정부 대통령이었지만 계속 미국에 머무르며 외교 독립운동에 매달렸습니다. 상해보다 미국에서 활동하는 것이 더 중요한 점이 있었지만, 무엇보다 상해에 갈 뾰족한 방법이 없었던 것이 큰 요인이었습니다. 미국 시민권자가 아니라 무국적자여서 여권을 발급받을 수 없었던 것입니다. 더욱이 그의 목엔 일본이 내건 30만 달러의 현상금이 걸려 있었습니다. 그러니 외국으로, 특히 중국으로 가는 것 자체가 목숨을 건 모험이었습니다.

문제는 상해임시의정원(의회)의 일부 의원들이 1920년 3월 5일 대통령이 임지인 상해에 부임하지 않으면 불신임 결의를 하겠다고 통보해 왔다는 점입니다. 하기야 대통령이 자리에 없으니 그것도 이상한 모양새였을 것입니다.

그래서 이승만은 상해에 가기로 결심하고 밀항을 준비했습니다. 밀항 외에는 다른 방법이 없었는데, 말이 쉽지 밀항이 그리 간단한 일은 아니었습니다. 대부분의 여객선이 일본을 경유하기 때문에 배편을 구하기도 어려웠습니다.

이승만은 호놀룰루로 갔습니다. 거기서 친구이자 미국 정부의 총세무장總稅務長 보스윅William Borthwick의 도움을 받기로 하고 그의 자택과 별장에서 숨어 지내며 배편을 구할 때까지 기다려야 했습니다. 11월 16일, 보스윅은 드디어 일본을 거치지 않고 곧장 상해로 가는 화물 운송선의 2등 항해사를 매수해 이승만과 비서 임병직이 함께 선장 몰래 배에 숨어들 수 있게 했습니다. 두 사람은 미국에서 일하다가 숨진 중국인 노동자들의 시체를 운반하는 짐칸의 관棺 사이에 몸을 숨겼는데, 창문도 없고 통풍 장치도 없는 철제 창고여서 고생이 이만저만이 아니었습니다.

두 사람은 이튿날 배가 미국 영해를 완전히 벗어나고 나서야 비로소 갑판 위로 올라갈 수 있었습니다. 다행히 선장이 불법 승선을 용인해주었을 뿐 아니라 12월 5일 상해에 도착해 하선할 때도 검사 없이 부두에 올라갈 수 있게 도와주었습니다.

이승만은 일본 경찰의 감시를 피하기 위해 중국인 복장으로 변복했습니다. 임시정부라지만 명색이 대통령인데 일본 땅도 아닌 중국에서조차 이 지경이었으니 망국의 서러움이란 이루 말할 수 없을 정도였습니다. 이후 상해에 머무르는 동안에도 항

중국인 복장을 한 이승만 이승만 임시대통령이 상해에 잠입하기 위해 중국인 복장으로 변복한 모습.

상해임시정부 대통령 환영식 1920년 12월 상해에서 열린 이승만 임시정부 대통령 환영식(가운데 꽃다발을 목에 건 사람이 이승만 대통령).

상 감시의 눈을 피해야 했습니다.

　이승만이 임시정부 청사를 찾은 것은 12월 13일로 상해에 도착한 지 8일 만이었습니다. 공식 일정은 그로부터 다시 보름이 지난 12월 28일 상해 교민단의 환영회에서부터 시작되었습니다.

　1921년 1월 세 차례의 임시정부 국무원회의가 있었는데, 이승만은 처음부터 공격을 받았습니다. 국무총리 이동휘가 위임통치를 청원한 데 대해 격하게 비난하며 해명을 요구했던 것입니다. 어렵게 성립한 통합 임시정부 첫 회의에서부터 이런 장면이 펼쳐진 것은 참으로 유감스러운 일입니다. 독립을 위한 방책을 논의하기보다 시비부터 걸고 나오는 장면은 조선시대의 당쟁黨爭을 연상시키는 대목입니다.

여기서 위임통치 청원에 대해 무엇이 잘못인지 따져보겠습니다. 신채호申采浩 같은 사람은 위임통치 청원에 대해 "이완용은 있는 나라를 팔아먹었는데 이승만은 없는 나라도 팔아먹었다"고 비난했습니다. 그리고 오늘날에도 신채호의 비난을 들어 똑같이 공격하는 사람들이 있습니다. 과연 온당할까요.

위임통치 청원은 '완전한 독립'을 전제로 한 것입니다. 하루빨리 일본의 손아귀에서 벗어나기 위해 국제연맹이 개입해주기를 바란 것이지요. 그렇다면 신채호에게는 당시 위임통치보다 더 나은 독립 방안이 있었을까요? 그 누구도 그 이상의 방안을 내놓지는 못했습니다. 전쟁을 벌이거나 무장투쟁으로 일본을 제압해서 독립을 이룰 수 있다면 최선이겠지만 그것은 불가능했습니다.

위임통치 청원은 그런 상황에서 행해진 일이었고, 그것도 3·1운동 이전의 일이었습니다. 원리로만 본다면 3·1운동이 독립을 선언한 것이었으니 위임통치 청원은 이치에 안 맞는 것이라 할 수 있습니다. 하지만 이승만은 3·1운동이 일어난 것을 몰랐는데, 그런 상황에서는 국제연맹에 의지하는 것이 외교적으로 최선의 방책이 아니었을까요. 설혹 3·1운동 발발을 알고 있었다 해도 국제연맹의 위임통치는 최선의 방책이었습니다. 그런데 앞뒤 가리지 않고 막무가내로 나라를 팔아먹었다고 비난하고 공격한 것은 문제를 위한 문제 제기일 뿐입니다.

신채호는 상해임시정부의 주요 인물 중 하나지만, 정부에 참여한 것은 아니고 임시의정원 의원이었다가 이승만이 대통령에 추대되자 임시의정원을 뛰쳐나간 인물입니다. 춘원春園 이광수李光洙가 남긴 기록에 따르면, 신채호는 세수를 할 때도 고개를 꼿꼿하게 세워 옷이 다 젖었다고 하니 도도하고 기개 넘치는 사람임을 알 수 있습니다. 그것은 달리 보면 자기의 사고思考 안에 갇혀 있었다는 뜻이기도 합니다.

사실 신채호는 극단적 민족주의자였습니다. 신채호와 이승만은 인식의 지평이 달랐습니다. 세계를 보는 눈이 달랐던 것입니다. 신채호는 역사를 '아我'와 '피아彼我'의 투쟁의 기록이라고 했습니다. 그에게 '아我'는 개인으로서의 '나'가 아니라 집단, 곧 민족으로서의 '나'였습니다. 그는 '개인'을 발견하지 못했습니다. 이는 자유를 알지 못했다는 뜻입니다. 다시 말해 온전한 근대인이 되지 못했다는 말입니다. 그것이 신채호와 이승만이 결정적으로 다른 점이었습니다. 그런 까닭에 위임통치 청원의 국제정치학적 의미를 깨닫지 못한 채 이승만을 배척한 것입니다.

이동휘가 이승만에게 따져 물은 것도 같은 맥락에서 이해할 수 있습니다. 신채호와 마찬가지로 이동휘 역시 그의 세계관으로는 이승만을 이해할 수 없었을 것입니다. 더욱이 이동휘는 공산주의자였고, 신채호와 마찬가지로 무장투쟁론자이기도 했습니다. 그러니 이승만과는 대척점에 서 있었다고 할 수 있습니다.

이동휘는 1995년 정부로부터 독립훈장 무궁화장을 추서받았지만 사실 그 자격에 대해서는 의문이 있습니다. 1920년 소련이 독립운동자금 200만 루블을 제공할 의사를 밝히자 상해임시정부에서는 한형권, 여운형, 안공근을 파견하기로 결정했습니다. 하지만 이동휘가 자기 멋대로 한형권만 모스크바로 파견했고, 한형권은 레닌에게서 1차로 받은 60만 루블 가운데 40만 루블을 빼돌려 고려공산당 조직기금으로 사용하도록 수하인 김립에게 주었습니다. 하지만 이 돈은 고려공산당에도 전달되지 않아 상해임시정부에서 내분이 일어나게 된 것입니다. 이동휘는 이 일로 인해 임시정부에서 사퇴했지만, 사실은 그전에 이미 사퇴를 준비하고 있었고 자금을 빼돌리기 위해 국무총리직을 유지했을 뿐이었습니다.

결국 김립은 임시정부 경무국장이었던 김구에 의해 암살되었습니다. 이동휘는 임시정부를 탈퇴한 뒤 소련공산당의 지시

임시정부 및 임시의정원 신년 축하식 1921년, 대한민국 임시정부 및 임시의정원 신년 축하식에 찍은 기념사진(둘째 줄 중앙이 이승만 임시대통령).

에 따라 우리 독립군 부대들을 기망해 러시아령 자유시(알렉셰프스크)로 불러 모았습니다. 거기서 독립군 부대들은 무장해제를 당하고, 저항하는 사람들은 소련 공산당 적군赤軍과 그에 합세한 독립군 부대에 의해 살육되었습니다. 이를 '자유시 참변'이라 합니다. 이동휘는 사실 자유시 참변으로 독립군의 궤멸을 이끈 장본인이었습니다.

임시정부에 참여하고 있던 인사들은 지방에 따라 기호파와 서북파로 나뉘어 첨예하게 대립했습니다. 지금으로 치면 지역

이승만의 위대한 성취

감정으로 갈등하고 분열한 것인데, 오늘날의 지역감정과는 비교가 안 될 정도로 극심했다고 합니다. 앞에서 말한 대로 이동휘가 이승만과 대립해 임시정부를 탈퇴한 데 이어 박은식, 원세훈, 김창숙 등이 1921년 2월 '국민대표회의' 소집을 발의함으로써 대통령의 권위에 도전하고 나섰습니다. 여기에 김규식, 안창호, 박용만, 여운형 등이 가세했습니다. 이처럼 파벌 싸움과 갈등으로 인한 분열이 임시정부의 민낯이었습니다.

이승만은 상해에 머물러야 하는 이유를 찾을 수 없었습니다. 정부를 구성했지만 막상 하는 일도 없이 독립운동가라는 사람들이 파당이나 짓고 허구한 날 탁상공론이나 하며 대립했으니 이승만으로서는 허송세월로 느낄 수밖에 없었습니다. 그는 임시대통령직에서 물러날 것을 심각하게 고민했습니다. 임시정부를 유지하는 것은 의미가 있었지만, 자리만 지키고 있는 대통령이 성에 차지 않았던 것입니다. 그는 독립을 위해 실질적으로 활동하는 것이 훨씬 더 중요하다고 생각했고, 결국 미국으로 돌아가기로 마음을 굳혔습니다.

이때 장붕, 조완구, 윤기섭, 황준현 등 이른바 기호파 인사 45명이 임시정부를 절대 지지한다는 성명을 냈습니다. 또 이동녕, 김구, 신익희 등이 협성회라는 조직을 출범시키며 이승만 임시대통령을 뒷받침하기로 했습니다. 이에 이승만은 신규식申圭植을 법무총장 겸 국무총리 서리로, 이동녕李東寧을 내무총장으로, 이시영李始榮을 재무총장으로, 노백린盧伯麟을 군무총장으로 임명해 기호파 내각을 출범시켰습니다. 그리고 이튿날 임시의정원에 "외교상 긴급과 재정상 절박의 이유로 부득이 미국으로 돌아간다"는 대통령 교서를 제출하고 미국으로 돌아갔습니다. 기호파 내각을 출범시킨 것은 외교 독립운동을 하는 과정에서 임시정부와 긴밀한 관계를 유지하기 위해서였습니다.

이승만은 5년 6개월 동안 상해임시정부 대통령직에 있었지만 상해에 머무른 것은 불과 6개월이었습니다. 대통령이 장기간 임지를 떠나 자리를 비우는 것은 문제였지만, 이승만이 상해를 떠나 미국에서 활동한 것은 임시정부에서 티격태격하며 시간을 낭비하기보다는 외교를 통한 실질적 독립운동을 하기 위해서였습니다. 또 마침 워싱턴에서 미국 주도의 군축회의(태평양회의)가 열릴 예정이었으므로 이 회의에서 한국 독립에 대한 문제를 의제화하거나 여론을 환기하려는 의도도 있었습니다.

이승만의 위대한 성취

분열과 갈등
그리고 탄핵

　　　　　　　　　이승만은 상해를 떠나 마닐라를 거쳐 6월 29일 아침 호놀룰루에 도착했습니다. 이때 자신의 독립운동을 후원해줄 '대한인동지회'를 만들었고, 이후 워싱턴 D.C.로 향했습니다. 8월 말 워싱턴 D.C.에 도착하기 전 이승만은 활동 자금을 마련하기 위해 한인 동포들과 국내 동지들에게 서신을 보내거나 직접 만나 모금 운동을 벌여 상당한 액수의 자금을 만들었습니다.

　이승만은 우선 워싱턴회의에 참석할 한국 대표단이 쓸 사무실을 임대하고, 각국 대표들을 상대로 로비를 할 수 있는 유능한 미국인들을 법률고문 또는 특별고문으로 위촉했습니다. 또 상해 임시의정원에 연락해서 '한국대표단The Korean Mission'으로 임명을 받았습니다.

이승만은 특별고문 토머스Charles S. Thomas 전 콜로라도주 민주당 상원의원에게 미국 대표단 단장인 휴스Charles E. Hughes 국무장관을 상대로 한 로비를 맡겼습니다. 동시에 구미위원부에서 작성한 영문 자료들을 각국 대표들과 신문기자들에게 배포함으로써 한국을 알려 회의 참석권과 발언권을 얻으려 노력했습니다.

그러나 미국과 영국, 프랑스 등의 대표들은 한국 대표단의 회의 참석과 발언권을 인정하려들지 않았습니다. 일본을 자극하고 싶지 않았기 때문입니다. 일본 대표단은 당연히 한국 대표단을 불인정하고 극력 저지했습니다.

워싱턴회의 외교는 실패로 끝났습니다. 이승만은 국제사회의 지지를 호소할 다시없는 기회가 무위에 그쳤다는 사실에 적잖이 실망했습니다. 그런데 거기서 끝이 아니었습니다. 구미위원부에서 활동했던 동지들이 독립운동을 포기하고 떠나는 바람에 이승만은 사무실을 정리하고 다시 하와이로 돌아갈 수밖에 없었습니다.

문제는 상해임시정부에서 이승만의 위상이 크게 추락했다는 것입니다. 그로 인해 임시정부에서 기호파 내각도 무너졌습니다. 1922년 3월 20일, 노백린을 제외하고 내각이 총사퇴를 한 것입니다. 임시의정원은 6월 17일 대통령 및 내각 불신임안을 통과시킨 뒤 안창호, 여운형 등 반이승만 세력이 진작부터 구상해온 '국민대표회의'를 본격적으로 추진했습니다.

여운형은 1922년 1월 21일부터 2월 2일까지 모스크바에서 국제공산당(코민테른) 주최로 열린 '동방노동대회'에 참석해 소련으로부터 받은 자금을 가지고 돌아와 국민대표회의를 여는 데 사용했습니다. 1923년 1월 3일부터 6월 7일까지 열린 이 회의에서는 상해임시정부를 개조하자는 주장(개조파)과 임시정부를 다시 만들자는 주장(창조파)이 맞서 논쟁이 벌어졌습니다. 안창호가 이끄는 서북파와 여운형이 주도하는 이르쿠츠크파 고려공산당 등은 개조파, 신채호와 박용만 등 북경의 반이승만파는 창조파의 입장에 섰습니다.

참으로 한심한 일입니다. 개조든 창조든 그들은 모두 상해임시정부에서 이승만 임시대통령을 축출하는 데 혈안이 되었습니다. 어렵게 세운 통합 임시정부를 독립운동의 중심축으로 만들어 무장투쟁과 외교, 홍보 및 국내와의 연계를 조합해 국제사회의 인정을 받는 데 온 힘을 쏟아도 시원찮을 판에 각자의 주의주장으로 이전투구를 벌인 것입니다.

특히 신채호와 박용만은 이승만에게 계속 노골적인 적대감을 드러냈습니다. 자신들과 생각이 다르다고 이렇듯 독립운동 진영의 분열을 마다하지 않았으니 그들이 내세운 대의명분이 무엇이었든 긍정적으로 평가하기 어렵습니다. 두 사람은 특히 무장투쟁을 중시했으니 이승만과 상해임시정부가 불만스러웠을 것입니다. 하지만 그렇다고 해도 임시정부를 깨뜨리려 했던 것은 이해하기 어렵습니다.

이러한 갑론을박은 6월 6일 내무총장으로 임명된 김구가 내무부령으로 국민대표회의 해산을 명하면서 마무리되었습니다. 하지만 사태는 여기서 끝나지 않았습니다. 안창호의 흥사단 중심의 서북파와 고려공산당 당원들이 임시의정원에서 대통령 탄핵 운동을 벌인 것입니다. 그러나 이승만을 지지하는 기호파 의원들이 강력히 저지해 탄핵안은 폐기되었습니다.

1924년 6월 16일, 임시의정원이 새로 구성되었고, 반이승만 세력의 공세도 다시 가열되었습니다. 이들은 임시의정원에서 '대통령 유고안'을 통과시키고 국무총리 이동녕에게 대통령직 직무대리를 명했습니다. 대통령이 임지에 없으니 분명 유고有故 상태가 맞지만, 당시 사정상 정부의 중요한 의사결정을 꼭 임지 에서만 할 수 있었던 것은 아닙니다. 중요한 것은 이승만 대통령 축출이 목적이었다는 점입니다.

12월 11일 이동녕 내각마저 총사퇴하고, 17일 박은식 국무총리 겸 대통령 직무대리 내각이 출범했습니다. 개조파가 임시정부를 장악한 것입니다. 박은식은 1925년 3월 10일 '임시대통령령 제1호'를 내려 구미위원부 폐지령을 내렸습니다. 이승만의 활동 기반을 없애버린 것입니다. 이후 1925년 3월 23일 임시의정원은 대통령 탄핵안을 통과시키고 새 대통령으로 박은식을 선출했습니다. 이로써 이승만은 대통령에 추대된 지 5년 6개월 만에 물러났습니다.

그렇다면 이승만 탄핵 이후 임시정부는 잘 운영되었을까요. 그렇지 않습니다. 명망가들이 뿔뿔이 흩어지고 임시정부는 내 각을 구성하는 것조차 어려워졌습니다. 신채호, 박용만, 안창호 등은 그렇게 임시정부를 무너뜨리고 무엇을 성취했는지 알 수 없습니다. 그나마 김구가 있어 임시정부 간판만이라도 유지할 수 있었기에 망정이지 그러지 않았다면 임시정부는 사라졌을 것입니다.

역사는 있는 그대로의 기록이어야 합니다. 그런데 우리 역사 는 과장되고 미화되어 있습니다. 우리 국민은 상해임시정부에 대한 부정적 평가를 받아들이지 못합니다. 무조건 미화합니다. 그것은 국수주의이고 정신승리일 뿐입니다. 정신승리의 역사 는 현실에서 이루지 못한 것을 마치 성취한 것처럼 미화합니다. 그것은 역사 왜곡입니다. 있는 그대로의 올바른 역사가 아니라 미화된 역사는 교훈을 주지 못합니다.

구한말 민비와 민씨 척족들은 나라를 망친 사람들입니다. 그 런데 우리가 지금 상식으로 알고 있는 역사는 민비를 명성황후 로 추켜세우고, 나라를 팔아먹은 고종을 계몽군주로 찬양합니 다. 이는 상해임시정부에 대해서도 마찬가지입니다. 독립운동 가들로 추앙받는 사람들이 분열과 갈등을 일삼았다는 사실은 전혀 알려져 있지 않습니다. 그뿐 아니라 실제 상황을 알고 있는 사람들도 입 밖에 내기를 꺼립니다. 상해임시정부 초대 대통령으로 추대된 인물이 이승만이라는 사실은 말하지 않으면서 이승만의 부정적 측면만을 애써 부각시켜온 것이 우리 근현대사입니다. 어처구니없는 일입니다.

정신승리를 추구한 대표적 인물이 단재丹齋 신채호입니다. 그는 현실에서 이룰 수 없는 욕망을 그의 소설과 역사연구 저작에서 을지문덕, 최영崔瑩, 이순신 같은 민족사 최고의 영웅들을 소환함으로써 해소하려 했습니다. 이런 방식은 과학적이고 합리적인 사고라 할 수 없습니다. 신채호가 이승만을 비난했던 것도 이런 사고의 산물이었습니다.

나비효과와
역사의 파동

5

나비효과와
역사의 파동

제네바의
여린 날갯짓

1931년 9월 18일 밤, 중국 동북부(만주) 요녕성의 봉천(지금의 심양) 인근 류조호柳條湖에서 남만주철도의 철로 일부가 폭파되었습니다. 이 일은 사실 관동군이 만주를 완전히 점령하려고 조작한 사건이었습니다. 관동군이란 러일전쟁에서 승리한 일본이 1905년 러시아와 맺은 포츠머스조약에서 러시아의 조차지租借地였던 요동반도를 접수해 관동주關東州를 만든 뒤 관동주와 만주철도 경비를 위해 주둔시킨 군대입니다.

일본은 이 사건이 중국 측 소행이라고 트집 잡아 군대를 동원해 1932년 초까지 만주 전역을 거의 점령했습니다. 이것이 이른바 만주사변입니다. 그리고 그해 3월 1일 청淸 왕조의 마지막 황제 부의溥儀(푸이)를 꼭두각시로 내세워 일본의 괴뢰국가인 만주국을 만들었습니다. 일본의 중국 대륙 침략의 거점이자 병참기지로 만든 것이지요.

남만주철도 철로 폭파 사건이 세계에 알려진 것은 이튿날인 9월 19일이었습니다. 그날은 스위스 제네바에서 제12회 국제연맹총회가 끝나는 날이었고, 오후에는 이사회가 열릴 예정이었습니다. 일본과 중국 모두 이 사건을 이사회에 보고했습니다. 이어 중국은 21일에 일본의 침략행위를 국제연맹에 정식으로 제소했습니다. 국제연맹은 22일 사건의 불확대, 양국군의 즉시 철수를 위해 노력할 것을 권고하는 내용을 일본과 중국에 통첩했습니다.

일본 정부는 23일 "일본은 만주에 대한 어떠한 영토적 야심이 없고, 가급적 신속히 군대를 철도 부속지로 철수할 것"이라 밝혔고, 국제연맹도 이를 받아들였습니다. 그리고 9월 30일에 국제연맹 이사회는 사건의 불확대에 관한 결의를 만장일치로 통과시킵니다.

일본의 명백한 침략 행위였는데도 국제연맹은 사태의 확대를 원치 않는 방식으로 결론을 내는 등 일본에 대해 호의적이었습니다. 그런데 10월 8일 관동군이 일본 내각의 의사와는 상관없이 금주錦州(진저우)를 폭격하자 국제연맹의 분위기도 바뀝니다. 10월 15일, 국제연맹은 당시 회원국으로 참여하지 않고 있었지만 만주에 대해 이해관계가 있는 강대국 미국의 대표를 옵

　　　　　　　　　　　　　이승만의 위대한 성취

서버observer로 초청한다는 결의를 함으로써 일본은 처음으로 고립되는 처지에 놓였습니다. 이어 11월 16일, 일본군의 철군을 요구하는 결의안이 13 대 1로 채택되었습니다. 물론 이때 반대표를 던진 나라는 일본이었습니다.

대공황 이후 만주는 상품 시장으로서 미국에 중요한 의미가 있는 지역이었으므로 미국은 일본이 만주에서 벌인 사건에 대해 불승인 입장을 분명히 했습니다. 하지만 미국 외교정책의 고립주의 경향으로 인해 일본의 행위를 불승인한다는 선에서 그쳤을 뿐 적극적으로 일본을 제어하지는 못했습니다.

국제연맹은 1932년 초 만주의 특수한 사정을 주장하는 일본의 입장을 어느 정도 받아들여 결론을 내리기 전 현지 조사를 실시하기로 했습니다. 그렇게 해서 구성된 것이 영국인 리턴을 단장으로 하는 리턴조사단Lytton Commission입니다. 1932년 4월로 예정된 리턴조사단의 파견에 앞서 관동군은 3월 1일에 재빨리 만주국을 선포했습니다.

리턴조사단은 일본 도쿄를 방문한 뒤 중국 상해, 남경, 북경을 거쳐 4월 2일 만주로 들어갔습니다. 그 과정에서 여러 정치 지도자들과 관계자들을 만나고 사건 현장을 답사하는 등 조사를 마치고, 6월 북경으로 돌아와 보고서를 작성하기 시작했습니다. 보고서는 9월 30일 일본과 중국 양국에 전달되었고, 10월 2일에 공개되었습니다. 그것이 '리턴보고서Lytton Report'입니다.

보고서는 9월 18일 밤 일본군의 군사행동은 정당방위로 볼 수 없다는 점과 만주국을 자발적인 독립운동의 결과물로 생각할 수 없다는 점을 지적하는 동시에 만주의 특수한 사정을 인정해 9월 18일 이전 상태로 돌아가는 것도 해결책이 될 수 없다고 지적했습니다. 이는 일본 측의 입장도 반영한 것이라 할 수 있습니다.

사실 객관적인 입장에서 보면 이 보고서는 객관적이지 않습니다. 만주사변이 관동군의 불법적 군사행동이자 침략행위이며, 만주국이 괴뢰국이라는 점은 의심의 여지가 없는 사실인데도 만주에서 일본의 이익을 인정하고 있기 때문입니다. 그럼에도 일본 대표는 11월 제네바에서 리턴보고서 심의를 위한 국제연맹 이사회가 열렸을 때 만주사변 당시 일본군의 군사적 행동이 정당방위였으며, 만주국은 자발적인 독립운동의 결과라고 주장하며 리턴보고서를 반대했습니다. 중국 대표는 당연히 이를 반박했으며, 이사회는 결국 리턴보고서 채택 문제를 총회로 이관했습니다.

12월에 열린 총회에서 영국, 프랑스, 독일, 이탈리아 등 강대국들은 일본에 유화적인 태도를 보인 반면 스웨덴, 노르웨이, 아일랜드, 체코슬로바키아 등 유럽의 소국들은 일본의 행위를 인정하면 안 된다고 주장했습니다. 당시나 지금이나 힘의 논리가 지배하는 국제사회의 단면을 엿볼 수 있는 대목입니다.

이승만의 위대한 성취

일본 대표는 심지어 만주는 일본의 생명선이라고까지 주장했습니다. 중국에서 공산주의 집단이 세력을 확장 중인 당시의 현실을 들어 공산주의 중국이 침략할 위험이 있다는 것이었습니다. 이에 덧붙여 일본이 약해지면 극동의 붕괴를 초래할 것이며, 만일 소국들의 주장이 반영돼 리턴보고서가 채택되면 일본은 연맹에서 탈퇴하겠다고 위협했습니다. 영국이 중재에 나서 일본 측의 입장을 상당 부분 수용하는 안을 냈지만 일본 군부의 강경한 자세와 중국의 항의로 성사되지 않았고, 1933년 2월 21일부터 열리는 총회 심의로 미뤄지게 되었습니다.

한편 이승만은 국제연맹총회가 일본의 야만성을 폭로할 절호의 기회라 보고 제네바로 갈 준비를 합니다. 우선 상해임시정부에 연락을 취해 1932년 11월 10일 '국제연맹총회 대한민국 임시정부 특명전권대사' 임명장을 확보합니다. 당시 임시정부는 김구의 한국독립당(한독당)이 장악하고 있어서 이승만의 요구에 호응했습니다. 12월에는 미국 국무장관으로부터 '외교관' 여권을 발급받았습니다. 미국 국무장관 스팀슨Henry L. Stimson이 이례적으로 특별 여권을 발급해주어 이승만은 제네바로 향할 수 있었습니다.

1919년 파리강화회의에 가려고 여권 발급을 신청했을 때 미국 시민권자가 아니라는 이유로 여권을 발급하지 않았던 미국 국무부가 이승만에게 특별 여권을 발급해준 까닭은 무엇일까

제네바 국제연맹 본부 앞에서 1933년 5월 2일, 제네바 국제연맹 본부 앞에 선 이승만.

요. 스팀슨의 속내를 짐작하기는 어렵지 않습니다. 간단히 말해 미국의 이익에 이승만이 긴요하다고 보았기 때문입니다.

1933년 1월 4일, 이승만은 제네바에 도착했습니다. 그는 국제연맹총회에 참석하기 위해 제네바에 온 중국 대표단과 협력해 일본의 대륙 침략을 규탄하는 외교전과 선전전을 벌이기로 하는 한편, 제네바 주재 미국 총영사 겸 국제연맹 옵서버인 길버트Prentiss B. Gilbert와도 긴밀히 접촉했습니다.

이승만의 목적은 당연히 국제연맹으로부터 우리 임시정부를 승인받는 것이었지만, 여러 나라의 외교관들이 한국 독립 문제를 제기하는 것은 적절치 않다고 조언했습니다. 그러자 이승만은 방향을 바꾸어 만주국이 일본의 괴뢰국가라는 것과 만주에 거주하고 있는 한국인 100만 명의 자율권을 강조하는 선전활동에 중점을 두기로 합니다.

이승만은 2월 8일 「만주에 있는 한국인의 진상Statement of the Koreans in Manchuria」이라는 문건을 국제연맹 사무국과 회원국 대표단, 각국 주요 언론에 배포했습니다. 거기에는 만주에 거주하는 한국인들의 참상이 담겨 있었습니다. 또 여러 언론과 인터뷰도 했습니다. 2월 18일에는 국제연맹 방송을 이용해 '한국과 극동의 위기'라는 제목의 연설도 했습니다.

반응은 뜨거웠습니다. 제네바에서 프랑스어로 발행되는 〈라 트리뷴 도리앙〉지와 베른에서 독일어로 발행되는 〈데어분트〉 등 유럽 각국의 주요 언론이 이승만의 주장을 대서특필했고, 미국의 〈뉴욕타임스〉가 이를 다시 보도함으로써 이승만과 한국 문제는 국제사회의 큰 주목을 받았습니다.

이승만은 나아가 자신이 저술한 책 『만주의 한국인들』을 국제연맹 사무총장과 각국 외교관, 언론에 돌렸습니다. 이승만은

〈라 트리뷴 도리앙〉지의 보도 제네바에서 격주로 발행되는 〈라 트리뷴 도리앙〉 1933년 2월 21일자 1면에는 이승만의 주장과 사진이 톱기사로 실렸다.

"국제사회가 일찍이 일본의 한국 병탄을 묵인했기 때문에 지금의 만주 침략이 벌어졌다"고 지적하며, "국제연맹이 한국인의 호소에 귀를 기울여 문제 해결에 나서기를 바란다"는 서신도 동봉했습니다.

앞에서 지적했듯 리턴보고서는 객관적이지 않고 일본의 입장을 상당 부분 반영한 것이었기 때문에 일본의 야만성을 국제사회에 폭로한 것은 리턴보고서가 아니라 이승만이었습니다.

그것도 순전히 혼자만의 노력과 힘으로 이루어냈으니 참으로 놀라운 일입니다.

어쨌든 1933년 2월 24일 국제연맹은 리턴보고서를 채택했고, 일본은 이에 반발해 국제연맹을 탈퇴했습니다. 결국 일본은 열강들로부터 고립되었으며, 특히 미국과 대립하게 되었습니다.

여기서 주목해야 할 것이 있습니다. 일본 군부는 국제연맹에서 탈퇴하면 오히려 국제사회의 눈치를 보지 않고 대륙을 침략할 수 있다는 생각이었고, 일본 정부는 군부를 상대하기에는 무력했습니다. 이에 따라 일본 군국주의는 더욱더 강화되었고, 일본은 돌이킬 수 없는 길로 들어서게 됩니다. 돌이킬 수 없는 길이란 미국과의 충돌을 말합니다. 즉, 태평양전쟁이라는 심연으로 끌려 들어간 것입니다.

리턴보고서보다 이승만이 일본의 침략성과 야만성을 폭로하는 데 더 크게 기여했지만, 이승만의 활약이 리턴보고서 채택에도 일조한 것은 부인할 수 없는 일입니다. 이는 따지고 보면 이승만의 외교독립론에 입각한 독립운동이 궁극적으로 세계사를 바꾸는 역할을 했다는 의미이기도 합니다.

한 사람이 국제사회의 흐름을 바꾸는 세계사적 역할을 해냈다는 것은 매우 놀라운 일입니다. 그것은 철저히 이승만 개인의 역량이었습니다. 국제정치와 외교에 박학다식할 뿐 아니라 논리정연하면서도 품격이 넘치는 언어를 구사해 상대에게 깊은 인상을 남기며 감명을 주는 이승만이었기에 가능한 일이었습니다. 물론 이승만의 역량과 열정을 파악하고 있던 미국 국무부와 이승만의 의지가 결합한 덕분이기도 합니다.

브라질에 있는 나비의 날갯짓이 미국 텍사스에 토네이도를 발생시킬 수도 있다는 이론이 나비효과 이론입니다. 지구 위 어디에선가 작은 움직임이나 파동이 대기에 영향을 미치고, 그 영향이 증폭돼 시간이 가면서 엄청난 사태로 번진다는 이론입니다.

나비효과는 카오스이론으로 발전합니다. 카오스이론은 작은 변화가 예측할 수 없는 엄청난 결과를 낳듯 안정적으로 보이면서도 안정적이지 않고, 안정적이지 않은 것처럼 보이면서도 안정적인 현상을 설명합니다. 또 겉으로 보기에는 무질서하고 불규칙하지만 그 현상 안에 어떤 질서와 규칙성이 존재한다는 이론입니다.

이승만의 제네바 활동은 나비의 여린 날갯짓에 비유할 수 있습니다. 그런데 그것이 미약한 파동을 일으키고, 시간이 가면서 파동이 증폭돼 궁극에는 태평양전쟁을 일으키는 거대한 힘으로 발전했습니다. 역사의 파동이 자연현상에서와 마찬가지로 예측하지 못한 결과를 낳을 수 있으며, 따라서 역사적 또는 문학적 상상력은 우리가 역사의 진실을 이해하는 데 도움이 됩니다.

이승만의 위대한 성취

우리 눈에 보이지 않더라도 엄연히 실재實在하는 역사적 진실이 있으며, 그것을 깨달으려면 역사적 상상력을 동원해야 할 때가 있습니다. 어떤 면에서 그 역사적 진실은 역사적 사실fact 이상의 가치와 의미를 지닐 수도 있습니다.

이승만에 대해 공부하면 할수록 그리고 전 생애에 걸쳐 독립운동에 헌신한 그의 삶을 생각하면 할수록 역사의 파동이 떠오릅니다. 역사에서 파동이 어떻게 더 큰 파동으로 이행하는지 들여다보는 것도 역사 연구의 한 방법일 수 있다고 봅니다. 제네바에서 펼쳐진 이승만의 눈부신 활약은 특히 그 대상이 아닐까 합니다.

태평양전쟁을
예견한 혜안慧眼

이승만에게는 놀라운 혜안이
있었습니다. 그 대표적인 사례가 미국과 일본의 충돌, 즉 태평
양전쟁을 예견한 일입니다. 일본의 실체를 고발한 책『일본 내
막기』Japan Inside Out』에서입니다.

이승만은 1939년 겨울부터 1941년 봄까지 워싱턴에서 이 책
의 집필에 몰두합니다. 그가 이 책을 쓴 것은 당시만 해도 일본
에 우호적이었던 미국 사회의 여론을 돌려놓기 위해서였습니
다. 이승만이 생각하기에 미국인들은 일본 군국주의의 본질을
잘 이해하지 못했으며, 일본이 미국을 공격하리라고는 생각지
못하고 있었습니다. 그래서 미국인들에게 이를 경고하기 위해
책을 집필하게 된 것입니다.

『일본 내막기』는 1941년 8월 1일 뉴욕의 유명 출판사인 플레

밍 레벨에서 출판했습니다. 이승만은 이 책의 서문에서 다음과
같이 밝히고 있습니다.

> … 여기서 과거의 고통스런 경험을 상기시키는 것은 미국
> 에게 일본을 감시해야 한다는 경종을 울려주기 위해서이
> 다. 따라서 나는 미국인들 모두 그들이 현재 직면하고 있는
> 상황에 대해 알고 있어야 한다고 믿는다. … 이 문제는 반드
> 시 해결되어야 하며, 조속히 해결될수록 좋다. 연기하는 것
> 은 해결책이 될 수 없다. 산불은 저절로 꺼지지 않는다. 불
> 길은 하루하루 점점 더 가까이 오고 있다.

산불은 저절로 꺼지지 않으며 하루하루 점점 더 가까이 오고
있다는 것은 전쟁이 임박했음을 알리는 섬뜩한 예언입니다. 이
승만은 막연한 추측으로 전쟁을 예고한 것이 아니었습니다. 일
본인들의 심리적 상태와 국제정세의 흐름을 진단한 결과 미국
과 일본의 충돌을 내다본 것입니다.

이 책 제1장 '일본의 성전사명聖戰使命과 전쟁심리'에서 이승
만은 일본인들의 집단심리를 파헤칩니다. 일본인들이 천황天皇
숭배 사상에 사로잡혀 있어서 전쟁을 성전聖戰으로 인식하고 있
다는 것입니다. 그는 "일본인들의 통치자를 황제라고 부르는
것은 잘못된 호칭"이라고 지적했습니다. 일본인들은 그들의 통

치자를 황제라고 부르지 않고 '텐노', 즉 하늘의 황제인 '천황'이라고 부르며 천황을 신성시하고 있기 때문입니다. 이승만은 일본인들의 이와 같은 집단심리와 관련해 "일본은 7천만의 신들로 이루어진 전쟁 도구"라고 진단했습니다.

제2장에서는 일본의 한국 병합에 대한 미국의 무책임을 신랄하게 비판했습니다. 1882년 미국이 조선과 맺은 조미수호통상조약을 지키지 않았기 때문에 한국이 일본에 병합되었으며, 이것이 세계 분쟁의 도화선이 되었다고 주장한 것입니다. 이는 미국이 일본의 한국 병합을 방치했기 때문에 결국 제2차 세계대전으로 이어졌다는 말입니다.

이승만의 주장이 언뜻 비약 같아 보이지만 그의 논리는 정연합니다. 조미수호통상조약에는 "제3국이 한쪽 정부에 부당하게 또는 억압적으로 행동할 때에는 다른 한쪽 정부는 원만한 타결을 위해 주선한다"는 내용이 있습니다. 이에 따르면 일본이 한국을 병합하려 할 때 당연히 미국은 거중조정居中調停을 통해 일본의 횡포를 저지했어야 하는데 그렇게 하지 않았으며, 그 바람에 독일이 국제조약을 어기고 전쟁을 일으켰다고 해서 탓할 바가 못 된다는 것입니다. "제1차 세계대전 중 독일 정부가 국제조약을 휴지 조각이라고 불렀다 해서 세계적인 규탄을 받았으나, 독일은 다만 미국이 그보다 9년 전에 했던 일을 실천했을 뿐"이라며 미국이 조약을 지키지 않은 것을 비판한 것입니다.

이승만의 위대한 성취

"지구상의 먼 구석에서 발생한 그토록 작은 불씨였던 국제적 불의不義의 불꽃이 급속히 퍼져나가 동양은 물론 서양의 여러 나라들이 파멸되었으며, 그 외의 국가들도 같은 운명에 처할 위협을 받고 있다"는 것이 이승만의 주장이었습니다.

제3장 '침략 야욕의 가면을 벗으려 하는 일본'이 미일美日이 충돌할 것이라는 예언의 절정입니다. 이승만은 여기서 "그들은 장막 뒤에서 모든 계획을 완성시킨 다음 행동으로 옮길 준비가 다 되었을 때 기습을 감행해 세계를 놀라게 할 것"이라고 예언했습니다. 태평양전쟁이 일본의 진주만 기습으로 시작되었다는 사실을 상기하면 참으로 놀라운 예언입니다.

이승만의 예언은 현실로 나타났습니다. 1941년 12월 7일 아침 일본군이 선전포고도 없이 하와이 오아후섬의 진주만을 기습 공격했던 것입니다. 그날은 마침 일요일이어서 하와이는 한가로웠고, 진주만에 정박해 있던 미국 태평양함대는 속수무책으로 당했습니다. 2천 명 이상의 미군이 전사하고, 민간인 60여 명도 희생되었습니다. 부상을 당한 군인도 1천 명이 넘었습니다. 8척의 전함을 포함해 18척의 각종 함선이 침몰되거나 좌초되었으며, 비행기도 188대나 파괴되었습니다.

일본의 속셈은 미국의 태평양함대를 반신불수로 만들어 태평양에서 주도권을 잡은 뒤, 미국과의 협상으로 전쟁을 마무리하면서 아시아태평양에 대한 일본의 기득권을 인정받으려는

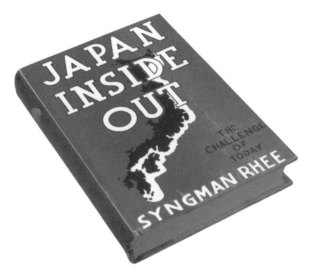

이승만의 책 『일본 내막기』 일본의 미국 기습 공격을 예견한 내용으로 일약 베스트셀러에 오른 『일본 내막기』는 1941년 미국의 유명 출판사 플레밍 레벨에서 출간되었다.

것이었습니다. 그러나 일본의 의도와는 달리 미국은 제2차 세계대전에 참전하며 유럽과 태평양 양 전선에서 추축국을 제압하기 위해 본격적인 전쟁에 돌입했습니다.

처음 『일본 내막기』가 출간되었을 때 미국인들의 반응은 시큰둥했습니다. 일본에 우호적이었던 미국인들은 이승만이 한국 독립을 위해 일본과의 전쟁을 부추기는 게 아니냐는 의혹 어린 시선으로 바라보았습니다. 하지만 진주만 피습이 있자 상황은 반전되었습니다. 모든 서점에서 『일본 내막기』가 불티나게 팔려 나가 일약 베스트셀러에 오른 것입니다. 미국 정부나 군에서는

이승만의 위대한 성취

일본 군국주의의 실체를 이해하기 위한 교과서가 될 만큼 필독서로 인식되었습니다. 이승만의 성가도 그만큼 올라갔습니다.

여기서 이승만의 보이지 않는 역할을 알 필요가 있습니다. 사실 이승만이 태평양전쟁을 예언했다는 사실은 이제 알 만한 사람은 다 알지만, 이승만이 일본으로 하여금 미국 공격을 감행하도록 동인을 제공했다는 점은 누구도 주의를 기울이지 않았습니다.

앞에서 이승만의 활약으로 국제연맹총회에서 리턴보고서가 채택되고, 급기야 일본이 국제연맹에서 탈퇴해버렸다고 언급했습니다. 이후 일본은 고립주의로 나아가게 됩니다. 미국은 국제연맹총회에 옵서버로 참여했지만 일본에 대해 석유 등 전쟁물자 금수조치까지 내리게 되었고, 일본의 미국 침략은 바로 여기서 비롯된 것입니다. 결국 이승만의 활약이 일본을 고립주의로 몰았고, 일본이 미국을 공격하게 만들었다는 얘기입니다. 그리고 그 결과 일본이 패망해 한국이 해방되었으니 이것을 나비효과라 해야 할까요, 아니면 직접적인 연결고리로 설명해야 할까요.

역사에 우연이란 없습니다. 그러니 이승만의 제네바 활동이 돌고 돌아 한국의 해방을 가져왔다고 해도 이상할 것은 없습니다.

임정 승인을 위한
집요한 노력

이승만은 『일본 내막기』의 태
평양전쟁 예언으로 성가를 크게 높이는 동시에 인세 소득으로
자금 여력이 생기자 워싱턴 구미위원부 사무실을 다시 열었습
니다. 이후 중경 임시정부와 협의해 '주미외교위원부 위원장 겸
주 워싱턴 전권대표' 임명장을 받은 뒤 구미위원부 명칭을 한국
위원회로 바꾸었습니다. 당시 임시정부는 일본의 감시를 피해
상해에서 항주杭州, 진강鎭江, 남경南京 등을 전전하다가 국민당
장개석 정부를 따라 중경重慶에 머무르고 있었습니다.

이승만은 중경 임시정부의 승인에 온 힘을 다했습니다. 그의
목표는 미국으로부터 임시정부가 승인을 받고 한국인이 연합
국의 일원으로 대일 전쟁에 참전함으로써 한국이 국제사회에
서 독립국가로 대우받게 하는 것이었습니다. 이승만은 이런 내

용을 담은 서한을 전쟁 발발 전 프랭클린 루스벨트Franklin Roosevelt 미국 대통령에게 발송했지만 아무 회답도 받지 못하고 있었습니다.

전쟁 발발 직후인 1941년 12월 9일, 중경 임시정부가 대일 선전포고를 하고, 이승만은 한국위원회 위원장 자격으로 미국 국무부를 방문해 국무부 극동 담당 특별고문 혼벡Stanley Hornbeck 박사에게 중경 임시정부의 신임장을 제출했습니다. 그리고 1942년 1월 2일 혼벡의 사무실에서 국무장관의 정책보좌관 히스Alger Hiss와 한국 문제에 대해 한 시간가량 의견을 교환했습니다.

이승만은 왜 미국이 한국 임시정부를 인정해야 하는지에 대해 역설했습니다. 한국인들이 미국의 원조를 받아 일본과 싸움으로써 미국을 도울 수 있다는 취지였습니다. 그런데 히스는 소련을 자극할 것을 우려해 이승만의 발언에 호의적이지 않았습니다. 이승만은 공감할 수 없었습니다. 일본과 전쟁 중이 아닌 소련을 의식하는 것이 의아했습니다. 혼벡은 신임장을 돌려주었습니다. 임시정부를 인정할 수 없으니 한국위원회 위원장 자격도 인정할 수 없다는 뜻이었습니다.

이승만은 히스의 정체를 까맣게 모르고 있었습니다. 사실 그는 소련의 간첩이었습니다. 그것도 자발적으로 소련을 위해 일하던 인물이었습니다. 그런 사정을 알 리 없었던 이승만으로서는 답답할 뿐이었습니다.

그해 2월 7일, 이승만은 이번에는 헐Cordell Hull 국무장관에게 신임장과 임시정부 승인 요청서를 제출했습니다. 헐 장관도 이에 답하지 않은 채 국무차관보 베를Adolphe Berle에게 미국이 임시정부를 승인하지 않는 이유를 설명하게 했습니다. 이유인즉, 중경 임시정부는 '정부'가 아니라 많은 한인 독립운동가 단체 중 하나일 뿐이며, 국내와의 연결이 불분명하다는 것이었습니다.

사실 객관적인 입장에서 보면 임시정부를 여러 단체 중 하나로 볼 수 있습니다. 실제로도 초기 임시정부를 뛰쳐나간 사람들이 다른 단체를 조직함으로써 독립운동을 분열로 이끌었으니 미국을 원망할 수도 없는 노릇입니다. 하지만 중경 임시정부는 가장 오랜 전통과 정통성을 지닌 독립운동의 구심체였습니다. 이승만은 그래서 중경 임시정부를 이끌던 김구와 긴밀히 연락하며 집요하게 중경 임시정부 승인을 위해 뛰었던 것입니다.

이승만은 헐 장관에게 면담을 요청하고, 답이 없으면 편지를 보내 뜻을 관철하려 했습니다. 1943년 2월 16일에 보낸 편지에서 이승만은 미국이 임시정부를 승인하지 않으면 태평양전쟁이 끝난 뒤 소련이 한반도에 위성국가를 세울 소지가 크다고 경고했습니다. 태평양전쟁을 예견했듯 이 예견도 정확히 들어맞았다는 것은 해방 후 국내 사정이 어떻게 돌아갔는지를 보면 알 수 있습니다. 앞을 내다보는 눈이 참 대단하지 않습니까.

미국 정부는 이승만의 거듭된 요청에도 끝까지 중경 임시정부를 인정하지 않았습니다. 이승만은 혼자 뛰어서는 소기의 목적을 달성하기 어렵다고 보고, 1942년 1월 16일 워싱턴에서 자신을 존경하며 도우려는 저명한 미국인들이 '한미협회The Korean-American Council'를 설립하게 했습니다. 미국 사회에 영향력 있는 인물들이 마음에서 우러나 자신을 돕는다는 것, 그것이 이승만의 가장 큰 자산이었습니다. 한미협회 회원들은 미국 국무부와 백악관, 의회 등을 상대로 중경 임시정부 승인을 요구하는 동시에 적극적인 로비를 벌였습니다.

같은 해 9월 22일에는 '기독교인 친한회The Christian Friends of Korea'를 발족시켰습니다. 역시 저명한 미국인들로 구성된 이 단체의 구성원들도 중경 임시정부 승인을 위해 정부와 의회 지도자들에게 서한을 보내고, 신문·잡지에 기고를 하는 등의 활동을 펼쳤습니다.

이처럼 한국의 독립을 위해 미국인들이 적극적으로 나섰다는 것은 눈여겨보아야 할 사실입니다. 어떤 독립 영웅도 세계 최강대국 국민들이 스스로 한국 독립을 위해 나서도록 한 사례는 없습니다. 그걸 가능하게 만든 사람이 이승만이었습니다. 이는 이승만의 풍부한 식견과 애국심, 상대를 감동시킨 인간적 매력의 결과라 할 수 있습니다.

한미협회는 재미한족연합위원회在美韓族聯合委員會와 3·1운동을 기념하기 위해 1942년 2월 28일부터 3월 1일까지 '한인자유대회'를 워싱턴D.C.에서 공동으로 개최했습니다. 한국인들이 이런 행사를 가지는 것은 당연한 일이지만, 미국인들이 여기에 함께했다는 사실 그리고 저명한 미국인들이 차례로 나서 미국 정부를 향해 중경 임시정부의 승인을 촉구하는 연설을 했다는 사실은 감동적입니다.

중경 임시정부 승인을 위한 이승만의 노력은 계속되었습니다. 한인자유대회 후 한미협회 회장 크롬웰James H. R. Cromwell로 하여금 헐 국무장관에게 서한을 보내 중경 임시정부 승인 거부를 철회할 것을 촉구하는 한편, 한국인들의 대일 투쟁을 전제로 중경 임시정부를 승인해줄 것을 요구하게 했습니다. 헐 장관은 이를 거부했습니다.

헐 장관은 "미국에는 추축국 식민지 망명 단체가 많아 대표성을 인정할 수 없고, 이들 나라가 해방되었을 때 그 나라 국민들의 자유로운 선택에 따라 정부가 세워질 수 있게 해야 한다"는 이유로 중경 임시정부 승인을 거부했습니다. 우리의 입장에서 보면 미국은 참으로 답답한 고집불통이라 하지 않을 수 없습니다. 크롬웰도 마찬가지였을 것입니다. 헐 장관의 답신을 반박하는 서신을 다시 보내고 또다시 같은 답신을 받는 양상이 한 달 동안 되풀이되었고, 결국 크롬웰은 포기하고 회장직을 사퇴합니다.

이승만의 위대한 성취

하지만 이승만은 포기하지 않았습니다. 그는 기독교인 친한회를 통해 미국 상하원 의원들에게 편지쓰기 운동을 벌입니다. 회원들에게 편지를 보내 한국에서 기독교인들이 얼마나 탄압을 받고 있는지 알리고, 이를 저지하려면 중경 임시정부 승인이 필요하다는 점과 이를 위해 미국 여론이 중요하다는 점을 주지시키면서 각각 자기 지역 의원들에게 같은 내용의 편지를 보낼 것을 요청했습니다.

그 결과 1943년 3월 31일 미시간주 오브라이언^{George D. O'Brien} 하원의원이 한국 임시정부 승인에 대한 상하 양원 합동결의안을 하원에 제출했습니다. 4월 22일에는 위스콘신주 와일리^{Alexander Wiley} 상원의원이 같은 내용의 결의안을 상원에 제출했습니다. 이 두 결의안은 하원과 상원의 외교위원회에 회부되어 마침내 이승만의 집념이 빛을 발하는 듯했습니다.

하지만 아쉽게도 이 결의안은 본회의에 상정되지 못했습니다. 상하 양원의 외교위원회에서 각각 국무부에 의견을 조회했는데 국무부가 부정적 의견을 냈던 것입니다. 미국 국무부는 임시정부 승인에 부정적인 태도로 일관했습니다.

미국 국무부가 야속하기도 하지만, 우리 독립운동 진영이 하나로 단결하지 못했다는 것은 참으로 안타깝고 뼈아픈 일입니다. 상해임시정부가 분열되지 않고 무장투쟁과 외교를 조합했다면 미국의 인정을 받을 가능성이 컸다는 사실을 미국 국무부의 입장에서 확인할 수 있기 때문입니다.

윌리엄 랭던William R. Langdon이라는 인물이 있습니다. 그는 1933년 부터 1936년까지 서울 주재 미국영사관에서 근무했고, 그 후 중국의 대련大連과 심양瀋陽의 미국영사관에 이어 일본의 미국대사관에서 근무한 이력의 소유자입니다. 한마디로 동아시아 전문가라 할 수 있었습니다. 이승만이 중경 임시정부 승인을 위해 총력을 기울이고 있을 때 랭던은 미국 국무부 극동국에서 일하고 있었습니다.

랭던은 1942년 2월 22일 국무부의 '전후 외교정책에 관한 자문위원회'에 「한국 독립에 대한 몇 가지 측면」이라는 보고서를 제출했습니다. 이 보고서에서 그는 한국인들은 국가를 경영할 경험을 쌓지 못했고, 자위self-defence 능력과 의지가 없으며, 경제가 일본 경제에 통합되어 있는 까닭에 분리될 경우 곤경에 처할 것이라고 지적했습니다. 따라서 일본이 패해 해방이 되면 최소한 한 세대 동안 열강의 보호와 지도 및 원조를 받아야만 근대 국가를 이룰 수 있다는 의견을 개진했습니다. 한 세대, 곧 30년 이상 장기간의 신탁통치가 필요하다는 결론이었습니다.

미국 국무부도 랭던과 같은 입장이었습니다. 이는 비단 랭던 보고서 때문만은 아니라고 생각합니다. 그 이전에도 미국은 우리 임시정부를 인정하지 않았으니까요. 임시정부가 사분오열 돼 있었고, 무장투쟁도 사실상 소멸된 상태였을 뿐 아니라 독자적인 무력을 유지하지도 못했으니 우리 임시정부를 인정하지 않은 미국 탓만 할 수는 없습니다.

이승만의 활동은 미국 의회와 국무부 등만을 대상으로 한 것이 아니었습니다. 그는 미전략첩보국OSS 부국장 굿펠로우M. Preston Goodfellow 대령과 긴밀히 협력하며 한국인 청년들이 OSS 첩보요원으로 활약하는 방안을 논의해 성사시켰습니다. 이에 따라 한국인 청년 12명이 특수교육을 받고 전장戰場에 투입되었습니다.

이승만은 이어 1942년 10월 미국 거주 한국인 청년 500명으로 구성한 '자유한인부대'를 창설해 미군에 배속시키고, 중국에 있는 광복군을 미군에 편제하도록 하는 안案을 굿펠로우 대령과 협의했습니다. 중경 임시정부 승인을 받아내고 해방 후 독립국가로 인정받기 위한 구상이었지요.

하지만 이 구상은 실현되지 못했습니다. 미국 육군부가 실현 가능성이 희박하며 정치적으로 바람직하지 않다는 이유로 이를 거부한 것입니다. 추측건대 실현 가능성보다는 정치적 이유로 거부당했을 것입니다. 육군부가 이 방안을 국무부와 논의하지 않았을 리 없고, 국무부가 부정적인 반응을 보였을 가능성이 큽니다. 이승만의 구상대로 되면 전쟁이 끝난 뒤 미국 정부가 한국을 연합국의 일원으로 인정할지 여부를 선택해야 하는 난제에 봉착할 것이 예상되었기 때문입니다.

비록 한국 독립과 중경 임시정부 승인을 위한 이승만의 끈질긴 노력은 결실을 맺지 못했지만, 그가 얼마나 열정적으로 독립운동에 매진했는가는 정당하게 평가받아야 합니다. 청년기부터 백발이 성성할 때까지 평생을 한국인들의 자유와 독립을 위해 헌신한 점은 그 어떤 독립 영웅보다 높이 평가받아야 합니다. 그런 눈물겨운 노력이 있었기에 이승만이 해방 정국 최고의 거인으로 등장할 수 있었던 것입니다.

멀고 고독한 독립운동의 외길을 걸은 독립운동의 상징.

이승만의 삶을 한마디로 요약하면 바로 이것입니다.

혼돈 속의
길 찾기

6

혼돈 속의
길 찾기

카이로선언의
숨은 주역

　　　　　　　　　　일제 패망 전후로 남북한에 각
각 자유민주주의와 공산주의체제가 들어서기까지의 기간을 해
방 정국이라 합니다. 이 기간은 한반도에 어떤 체제의 신생 독
립국가를 세울 것인가를 놓고 각 세력이 벌인 주도권 싸움, 미
국과 소련의 협상과 다툼 속에서 혼란이 거듭된 시기였습니다.

　그런데 미국은 제2차 세계대전 중 한국에 대해서는 별 관심
이 없었습니다. 사실 미국의 주요 관심은 유럽에 기울어 있었습
니다. 그러던 중 제2차 대전이 연합국의 승리로 귀결될 것이 확
실시될 때 비로소 한국에 대한 고려가 시작되었습니다. 그때 나
온 것이 저 유명한 '카이로선언The Cairo Declaration'입니다.

　카이로선언은 미국의 프랭클린 루스벨트 대통령의 주도로
1943년 11월 22일부터 12월 1일까지 열린 카이로회담에서 미

국, 영국, 중국 3개국 국가원수들이 발표했습니다. '적절한 과정을 거쳐in due course' 한국의 자유와 독립을 보장해준다는 내용을 담고 있어 우리 국민에게 매우 잘 알려진 역사적 사건입니다.

기존 독립운동사 연구자들은 카이로선언문에 "적절한 과정을 거쳐 한국의 자유와 독립을 보장한다"는 문구가 포함될 수 있었던 것은 장개석 중국 총통과 관계가 있다고 이해합니다. 장개석 총통이 1943년 7월 26일 중경의 군사위원회 접견실에서 김구, 조소앙, 김규식, 이청천, 김원봉 등 중경 임시정부 요인들과의 면담에서 자신이 카이로회담에 참석하면 한국의 '완전한 독립'을 위해 모든 노력을 기울일 것을 약속했고, 실제로 회담에서 그 약속을 이행했기 때문에 가능했다는 것입니다.

하지만 미국의 외교문서를 중심으로 한 근래 연구에 따르면, 카이로회담 당시 한국의 독립을 거론한 사람은 장개석이 아니라 루스벨트이며, 카이로선언 초안을 작성한 인물도 루스벨트의 특별보좌관 해리 홉킨스Harry L. Hopkins였다는 사실이 밝혀졌습니다. 그 이유는 다음과 같습니다.

장개석은 11월 22일부터 26일까지 진행된 정식 회담에 참석했지만 의제에 한국 문제가 포함되어 있지 않았기 때문에 한국 독립에 대해 전혀 언급하지 않았습니다. 그리고 23일 저녁 루스벨트의 숙소를 방문했을 때 루스벨트가 한국 독립 문제를 먼저 제기하자 그에 동의한다는 정도의 소극적 의사표시

이승만의 위대한 성취

를 했을 뿐입니다. 또 3개국 실무자 회의에서도 미국이 마련한 초안의 '적당한 시기에at the proper moment'라는 문구에 이의를 제기하지 않아 '완전한 독립'을 주장하지 않은 셈이라는 것입니다.

그렇다면 미국이 한국의 독립 문제를 거론한 배경은 무엇일까요. 여러 연구자들이 그 배경에 이승만이 있다고 주장하며 1943년 5월 15일 루스벨트 대통령에게 한국 독립에 관한 조치를 시급히 해줄 것을 요청하는 서한을 보낸 사실을 근거로 듭니다. 그전에도 이승만은 루스벨트 대통령에게 자신의 저서『일본 내막기』를 기증하고 여러 차례 친서를 보내 한국 독립을 청원한 바 있습니다.

더 주목되는 점도 있습니다. 카이로선언의 한국 관련 언급은 "위의 3대 연합국은 한국 인민의 노예 상태에 유념하여 적절한 과정을 거쳐 한국이 자유롭고 독립되게 할 것을 결의하였다"고 되어 있습니다. 여기서 '한국 인민의 노예 상태에 유념하여'라는 어구는 매우 종교적인데, 루스벨트가 이러한 표현을 쓴 데는 이승만의 영향이 컸다고 설명하는 학자도 있습니다.

이승만은 또 1942년 2월 27일 워싱턴에서 개최된 한인자유대회 개회사에서 루스벨트 대통령이 2월 23일 조지 워싱턴 미국 초대 대통령 탄생을 기념하는 라디오 연설에서 한국 인민의 '노예 경험'을 언급한 데 대해 깊은 감사의 뜻을 전했습니다. 이 일도 이승만이 이전에 루스벨트에게 한국인이 '노예 상태'라는 인식을 심어주었기 때문으로 이해되고 있습니다.

이승만을 도운 미국인들의 활약도 루스벨트와 홉킨스에게 중대한 영향을 준 것이 분명하다는 설명도 있습니다. 이승만을 지원한 한미협회 이사장 해리스Frederick Harris 목사는 1942년 3월 스태커스 변호사와 INS통신사 윌리엄스 기자 등 협회 이사들과 연명으로 루스벨트 대통령에게 중경 임시정부를 즉각 승인하고 한국인들을 미군의 대일 전쟁 대열에 참여시킬 것을 건의했습니다. 해리스 목사는 백악관 근처 파운드리 감리교회의 담임 목사이자 연방 상원의원 원목으로서 영향력 있는 인물이었습니다. 더욱이 파운드리 교회는 루스벨트 대통령이 1941년 12월 영국의 처칠 수상과 함께 크리스마스 예배를 드렸던 교회였으므로 한미협회의 청원서가 루스벨트와 홉킨스에게 영향을 주었음이 분명하다는 것입니다.

이로써 연합국 정상들이 한국 독립을 약속한 카이로선언은 이승만의 눈물겨운 노력에 힘입은 것이었으며, 그의 보이지 않는 위대한 성취였다는 것을 알 수 있습니다. 우리 국민은 이승만의 독립운동이 외교독립론에 입각해 있었다는 것 정도는 알고 있지만 구체적으로 이승만이 어떤 노력을 기울였고, 어떤 성과를 이뤘는지는 잘 알지 못합니다. 카이로선언은 이승만의 외교독립론에 기초한 독립운동의 실체를 잘 보여주는 일대 사건

이승만의 위대한 성취

이었습니다.

물론 '적절한 과정을 거쳐'라는 전제조건은 나중에 문제가 되었습니다. 사실 처음엔 그것이 의미하는 바가 정확히 무엇인지 불분명했습니다. 그래서 이승만이 루스벨트 대통령과 미국 국무부에 그에 대해 질의했지만 답변을 듣지 못했습니다. 그런데 당초의 '적당한 시기에'라는 문구가 왜 '적절한 과정을 거쳐'로 바뀌었을까요. 이는 미국이 영국의 주장을 받아들인 결과였습니다.

그렇다면 영국은 왜 굳이 '적당한 시기에'를 '적절한 과정을 거쳐'로 바꾸자고 주장했을까요. 정설은 없지만 추측해볼 수는 있습니다. 영국은 많은 식민지를 거느리고 있었기 때문에 무조건 어느 시기가 되면 독립시킨다는 내용보다는 적절한 과정을 거치게 함으로써 식민지에 대한 자국의 영향력을 유지하려 했던 것으로 보입니다.

미국의 무책無策

앞에서 이야기한 대로 미국은 중경으로 옮겨간 임시정부를 인정하지 않았습니다. 이승만은 소련이 한반도에 소비에트 체제를 세우려 할 것이며, 이를 막기 위해서는 미국이 임시정부를 승인해야 한다고 국무부를 계속 설득했지만 끝내 인정을 받지 못했습니다. 이승만은 임시정부 승인과 함께 전쟁 후 한국 문제에서 한국인들이 소외되는 일이 없도록 중경 임시정부의 주석 김구와 연락하며 OSS와 긴밀히 협의했으나 목적을 이루지는 못했습니다.

중경 임시정부도 광복군을 조직했지만 중국군의 지휘통제를 받는 데다 장교가 다 중국인이었고 부대 운영비용도 중국군 예산에서 처리되었기 때문에 임시정부가 국제적 승인을 얻는 데는 힘이 되지 못했습니다. 하기야 장개석 국민당 정부의 재정지

이승만의 위대한 성취

원이 없으면 임시정부의 운영 자체가 불가능했으니 더 말할 것도 없습니다.

해방은 어느 날 갑자기 닥쳐왔고, 미국은 한국 문제를 어떻게 처리할지 확정된 답안도 없이 단순히 점령정책을 펴는 수준의 고려만 하고 있었습니다. 단 하나, 북위 38도를 기준으로 미군과 소련군이 한반도를 분할 점령하기로 합의한 정도였습니다. 이는 소련군이 한반도 전체를 점령할 수 있다는 우려 때문에 미국이 다급히 내린 결정이었습니다.

참으로 아쉬운 장면입니다. 어차피 미국은 시간상으로 소련군보다 한참 뒤늦게 한반도에 진주할 수밖에 없었습니다. 그래서 소련에 38선을 경계선으로 그 이북만 점령해 일본군의 무장을 해제시킬 것을 주문했고, 소련은 선뜻 이에 응했습니다. 소련으로서는 일본이 항복하기 직전 대일 선전포고를 한 터라 38선 이북 점령만으로 충분히 '챙길 것'은 다 챙긴 셈이었습니다. 따라서 미국이 만주까지만 점령하라고 했어도 소련은 이에 응했을지도 모릅니다. 그랬다면 한반도는 분단되지 않았을 것입니다. 그런데 엉뚱하게도 미국은 소련이 38선 제안마저 거부할까봐 우려하고 있었습니다.

당초 미국은 소련에 대일 전쟁 참전을 요청했습니다. 만주의 일본 관동군을 제압하려면 미군도 많은 손실을 감수할 것이었기 때문입니다. 그런데 소련은 어쩐 일인지 참전을 계속 미루다가 미국이 일본 본토 히로시마와 나가사키에 원자폭탄을 투하하자 재빨리 대일 선전포고를 합니다. 참으로 약삭빠른 행동이었지요. 그런데 관동군은 본국으로 도망치기 바빴습니다. 본국이 이미 무너진 상황에서 더 이상 저항할 의미가 없었던 것입니다. 그래서 소련군은 거저먹기로 만주를 점령했고, 북한 지역도 손쉽게 장악할 수 있었습니다. 소련군은 그렇게 전광석화처럼 북한을 장악하고, 1945년 8월 28일에는 38선 이남 개성까지 진주했다가 다시 38선 이북으로 철수했습니다.

그에 반해 미군의 남한 진주는 굼뜨기 이를 데 없었습니다. 당시 미군이 주둔 중이던 오키나와에서 한국까지의 거리가 너무 멀었기 때문이기도 하지만, 9월 2일 미주리 함상에서 거행될 일본의 항복 조인식을 전 세계가 지켜보기를 원했기 때문입니다. 미국은 세계의 시선이 한국 상륙에 쏠리는 것을 원치 않았던 것입니다.

미군의 한국 진주는 미주리 함상에서 일본의 항복 조인식이 있고 4일 뒤에야 시작되었습니다. 9월 6일 미 24군단 선발대가 김포공항에 도착한 데 이어 9월 8일이 되어서야 하지 중장 휘하의 미 24군단이 인천에 상륙했습니다. 참으로 한가하기 그지없었습니다. 더욱이 하지 중장은 한국에 대해 아는 것도 정보도 없는 상태였습니다.

이와 같이 미국은 한국에 대해 아는 것이 거의 없었고, 한국

이승만의 위대한 성취

주둔의 시급성도 인식하지 못한 상태였습니다. 물론 전쟁 막바지에 한국 문제에 대해 미국 국무성과 전쟁성, 해군성에서 여러 가지 방안을 연구하기는 했지만 결정된 것은 하나도 없었습니다. 따라서 한국에 대한 정책은 사실상 전무했다고 볼 수 있습니다. 이러한 미국의 무책無策은 해방 정국의 혼란과 혼돈을 초래했습니다.

이는 북한을 점령한 소련군과는 크게 대조되는 자세였습니다. 소련군이 평양을 점령한 것은 8월 24일이었으며, 가장 먼저 해방과 함께 조만식을 중심으로 조직된 평안남도 건국준비위원회를 해체하고 평안남도 인민정치위원회로 개편했습니다. 이어 각 지역에서 인민위원회나 치안위원회 등 자생적으로 태어난 자치기구를 당국에 등록하게 하고, 간부들의 성분을 조사해 자신들이 통제할 수 있도록 재구성했습니다. 소련군의 철저한 지휘체계에 편입시킨 것입니다.

이와 같이 소련군은 자치기구를 활용함으로써 자신들이 포고문에서 '해방군'이라 밝힌 바와 같이 해방군으로 보이려 한 것입니다. 그것이 남한에 진주한 미군과 다른 방식이었습니다. 미군은 군정을 하면서도 공산당조차 합법화하는 등 정치적 자유를 허용했지만, 소련군은 정치적 자유를 완전히 박탈하면서도 자치기구를 조종함으로써 대리통치를 했던 것입니다. 그것은 사실상 공산주의 특유의 기만적인 정치 술수였습니다.

소련군은 또 점령 당시에는 정지작업 정도에 그쳤지만 이내 북한 지역에 단독정부를 수립하라는 명령을 받았습니다. 9월 20일, 소련군 최고사령관 스탈린의 비밀 지령이 바실레프스키 극동전선 최고사령관과 연해주군관구 제25군 군사평의회에 떨어졌습니다. 이 비밀 지령의 핵심적인 내용은 다음과 같습니다.

1. 북한에 소비에트 및 기타 소비에트 정권의 기관을 수립하지 말고 소비에트 질서를 도입하지 말 것
2. 북한에 부르주아 민주주의 정권을 확립할 것

처음부터 소비에트 체제를 세우면 너무 급진적이어서 반발을 부를 수 있기 때문에 부르주아 정권을 거쳐 종국에는 공산주의 체제를 건설하겠다는 의도였습니다. 소련의 속셈은 사실 1945년 12월 25일쯤에 나온 소련군 총정치국장 슈킨의 보고서에서 확인됩니다. 슈킨은 보고서에서 이렇게 결론을 내렸습니다.

1. 반일 민주정당·사회단체의 광범위한 블록을 토대로 한 북조선의 부르주아 민주개혁이 너무 느리게 진행되고 있다.
2. 조선에서 소련 군대가 철수할 경우 소련의 국가 이익을 보

이승만의 위대한 성취

장할 수 있는 굳건한 정치·경제적 교두보를 아직 쟁취하지 못하고 있다. 민주주의 민족간부가 아직 충분히 파악되지 못했다. 현재 북조선에서 인기가 높은 공산당 지도자는 김일성과 박헌영, 민주당 지도자는 조만식이 있는데 조만식의 소련에 대한 정치적 입장은 아직 모호하다. 연해주 군관구 평의회에 따르면 민주주의 단체들을 지도하고 소련의 이익을 고수할 수 있는 민주주의 민족간부를 양성하려면 4~5개월이 소요될 것이다.

3. 최단 시일 내에 북조선 경제를 복구하고 민족간부를 양성하는 과업을 달성하려면 북조선 내 정권을 중앙집권화해 이를 민주 활동가들에게 넘겨주어야 한다.

4. 인민민주주의 운동이 대지주의 토지 소유 현실 때문에 지장을 받고 있으니 빠른 시일 내에 농지개혁을 실시해야 한다.

우선 주목할 것은 이 보고서가 작성된 시기가 모스크바 삼상회의가 열리던 때였다는 점입니다. 모스크바 삼상회의는 연합국, 궁극적으로 미소가 협의해 한국 문제를 처리한다는 것인데, 이 보고서는 소련이 일방적으로 북한에 친소 정권을 세우려 했다는 사실을 보여줍니다. 이러한 사실이 의미하는 바는 미소공위가 애당초 아무 의미가 없었으며, 이승만이 소련 곧 공산주의자들과의 협상은 불가능하므로 소련과의 협상은 사실상 소련에 말려들어가는 것이라고 했던 것이 정확한 판단이었다는 것입니다.

하지만 당시 미국은 '어리석게도' 연합국의 일원인 소련과 협의해 한반도에 신생 독립국을 세우려 했습니다. 그리고 미국은 좌우합작을 원했습니다. 냉엄한 현실을 직시하지 못하고 무책으로 시작된 한국 정책으로 정국을 혼돈에 빠지게 한 것입니다.

이승만은 12월 29일 신탁통치 결정은 철회되어야 하며, 모든 한국인은 신탁통치를 받아들이지 않겠다는 결의를 보여야 한다고 선언했습니다. 그의 선언에 따라 총파업이 시작되었습니다. 중앙청 난방이 끊기고, 수도관은 동파되었으며, 쓰레기도 수거되지 않아 공공건물 곳곳에 오물이 넘쳐났습니다. 급기야 하지는 "신탁통치는 확정된 것이 아니며, 한국민이 더 잘 협력해준다면 필요하지 않을지 모른다"는 성명으로 민심을 수습하려 했습니다. 하지만 오히려 의심과 혼란을 부채질했을 뿐입니다.

이승만이 해방 이전부터 미국의 임정 승인을 통해 한반도에서 소련의 영향력을 배제하기 위해 노력했다는 사실은 앞에서 설명했습니다. 이승만은 미국 국무부뿐 아니라 루스벨트 대통령을 설득하는 것을 중시했습니다. 그 노력의 일환으로 루스벨트 대통령의 부인인 엘리너 루스벨트 여사를 만난 일도 있었습니다. 엘리너 루스벨트 여사는 당시 이승만을 만난 뒤 한 칼럼에서 그에 대해 이렇게 썼습니다.

> 나는 이전에 이 박사를 만난 적은 없었지만 그의 얼굴에는
> 아름다운 정신이 빛나고 있고, 한국인이 오랜 세월 길러낼
> 수밖에 없었다고 느껴지는 인내력이 그의 부드러운 표정
> 속에 분명히 묻어 있었다.

이승만은 많은 공부와 깊은 신앙심 그리고 독립을 위해 견뎌
낸 오랜 인고忍苦의 세월이 쌓여 상대를 감동시키는 마력과도
같은 힘을 지니고 있었습니다. 비단 엘리너 루스벨트 여사뿐 아
니라 맥아더 장군, 이승만의 정치고문이자 비서를 마다하지 않
았던 로버트 올리버Robert Oliver 박사 같은 사람들이 이를 증명합
니다. 올리버 박사는 그의 저서에서 이승만의 첫인상을 이렇게
회고했습니다.

> 이 박사는 언변이 좋았다. 적절한 어휘 선택과 나무랄 데 없
> 는 또렷한 발음으로 쉽고 조리 있게 말을 구사했다. 하지만
> 말보다 그의 온몸으로 나타내는 표현이 더 웅변적이었다.
> 얼굴은 동적이고, 눈은 빛났으며, 입과 눈가의 주름에서도
> 풍부한 유머 감각과 진지함이 묻어났다. 무엇보다 내가 받
> 은 강한 인상은 그의 절제된 품위였다. 침착함과 자신감이

결연했지만 도를 넘지는 않았다. 나는 속으로 '이 사람은 대인이다. 자제력과 지도력을 겸비한 사람이다'라고 생각했다. 그러면서도 남의 말을 경청할 줄 아는 사람이었다.

잠시 이야기가 빗나갔는데, 어쨌든 이승만의 집요한 노력으로 미소공위는 결렬되었습니다. 그것은 한반도 전체가 소련의 수중에 들어가지 않게 되었다는 의미였습니다. 만일 미소공위가 성공했다면 미소 양국에 의한 임시정부가 구성되었을 것인데, 이때 임시정부의 구성은 어떻게 이루어졌을까요.

소련은 인구비례로 대표를 구성하는 데 결코 동의하지 않았을 것이므로 남북 대표가 동수로 구성된다면 임시정부는 뚜렷하게 친소적인 색채를 띠었을 것입니다. 남과 북이 각각 50%를 차지할 경우, 북은 50% 전체가 친소 공산주의자들이었을 것입니다. 그에 반해 남은 좌우와 중도에서 각각 대표를 파견했을 테니 최소 30% 이상이 친소 성향이었을 것이 분명합니다. 결국 임시정부 전체의 '50% + 10분의 3 이상'을 친소 성향의 인물이 차지하게 되고, 여기에 중도 성향의 일부가 가세한다면 친소 및 좌익 세력의 비율은 더 커졌을 것입니다.

그렇게 되면 임시정부는 소련 측으로 기울 수밖에 없고, 소련은 소기의 목적을 어렵지 않게 달성하게 됩니다. 임시정부는 결국 공산주의자들의 통일전선전술에 의해 장악되었을 것이고,

이승만의 위대한 성취

한반도 전체가 소련의 영향권 안에 들어갔으리라는 것을 어렵지 않게 짐작할 수 있습니다.

따라서 미소공위의 결렬은 한반도 전체가 소련의 수중에 떨어지지 않고 남한만이라도 자유민주주의 진영에 남게 되었다는 것을 의미합니다. 이는 집요하게 미소공위의 파탄을 위해 노력한 이승만의 목적이 달성된 결과이기도 합니다. 그런 점에서 미소공위의 결렬은 우리나라를 위해 참으로 다행한 일이었습니다. 물론 미소공위는 처음부터 성공할 수 없는 운명을 갖고 태어났지만, 그렇다 해도 혹시 예정과 달리 흘러갈 수도 있는 게 세상일이니 다행이라는 것입니다. 미국이 소련의 마수에 휘말려들었을지 어찌 압니까.

남한이 혼미를 거듭하고 있을 때 소련은 북한에서 소비에트 위성국가 건설을 착착 진행했습니다. 해방 이듬해인 1946년 2월 8일, '북조선 각 정당·사회단체, 각 행정국 및 각 시·도·군 인민위원회 대표 확대협의회'가 평양에서 소집되었습니다. 이는 물론 소련군의 지령과 김일성의 주도에 의한 것이었습니다. 소련군 점령 후 김일성 정권이 출범하기까지 북한에서 일어난 모든 정치사회적 사건은 철저하게 소련의 지시에 따른 것이었습니다. 심지어 김일성의 연설문까지 소련군 정치장교들이 작성하고 북한 점령군 실력자인 테렌티 시티코프의 검증을 받았습니다.

참고로 소련군정 최고사령관은 표면적으로는 25군 사령관

이반 치스차코프 대장이었지만, 그는 정치를 잘 모르는 야전 군인이어서 실제로는 연해주 군관구의 군사위원 시티코프 중장이 소련 군정을 총지휘했습니다. 평양에 상주한 25군 군사위원 니콜라이 레베데프는 뒷날 공개된 메모에서 "시티코프의 지침 없이 38선 이북에서 이루어진 조치는 하나도 없었다"고 회고한 바 있습니다.

북조선 각 정당·사회단체, 각 행정국 및 각 시·도·군 인민위원회 대표 확대협의회에서 김일성은 중앙 주권기관이 필요하므로 '북조선 임시인민위원회'를 구성해야 한다고 주장했습니다. 이것도 물론 소련군의 지령에 따른 것이었습니다. 이 지령은 이튿날 그대로 시행되고 위원장에는 김일성이 선출(?)되었습니다. 중앙 주권기관으로서의 임시인민위원회는 사실상 정부였습니다. 공식적으로는 북한 정권 출범이 1948년 9월 9일로 되어 있지만, 그것은 북조선 임시인민위원회 간판을 조선민주주의인민공화국으로 바꿔 단 것일 뿐입니다.

이승만의 정읍 발언은 이러한 현실을 바탕으로 나왔습니다. 그는 남한에서 자유민주주의 정부를 세운 뒤 국제 여론으로 소련군이 철수하게 함으로써 한반도 전체에 자유민주주의 체제에 의한 통일정부를 세우자고 주장한 것입니다.

여기서 주목할 점은 김일성도 동일한 주장을 했다는 것입니다. 김일성의 이른바 '민주기지론民主基地論'이 그것입니다. 민주기지론은 북한에 민주정권을 세운 뒤 한반도 전체를 민주화한다는 것인데, 이때 민주주의란 물론 인민민주주의를 뜻합니다. 인민민주주의를 설명하자면 조금 복잡한데, 북한이 조선민주주의인민공화국이라는 점을 생각하면 금방 이해가 될 것입니다. 북한에 공산정권을 세운 뒤 북한을 전진기지 삼아 한반도 전체를 공산화한다는 것이 이른바 민주기지론입니다.

나라 만들기의
험로險路

7

—
나라 만들기의
험로險路

인재난과 경제난,
안보위협

        대한민국은 온갖 우여곡절 끝에 탄생했습니다. 하지만 앞길은 험난하기 짝이 없었습니다. 정치·경제·사회적 문제들이 첩첩산중으로 대한민국의 앞길을 가로막고 있었습니다.

  그에 대해 논하기 전에 먼저 이승만 초대 정부가 친일 정부였다, 이승만이 친일파와 결탁했다는 비판에 대해 살펴보겠습니다. 그것은 옳은 판단일까요. 그렇지 않습니다. 이승만 대통령은 정부를 구성할 때 철저히 친일파를 배제했습니다. 첫 내각에 각료로 임명된 사람들은 대부분 독립운동가였고, 일부는 독립운동가 출신은 아니지만 외국에서 고등교육을 받은 인물들이었습니다. 이승만 대통령은 그 당시 최고의 인재들을 모아 정부를 구성했고, 여기에 친일파는 없었습니다.

국무총리 이범석李範奭은 중국 황포군관학교를 졸업하고 임시정부 휘하 독립군 사령관을 지냈던 인물입니다. 외무장관 장택상張澤相은 영국 유학파로서 미군정 때 수도경찰청장을 지냈습니다. 상공장관 임영신任永信은 미국 서던캘리포니아대학교를 졸업하고 1931년 중앙보육학교中央保育學校 교장에 취임해 여성 교육자로서 첫발을 내디디고, 1945년에는 대한여자국민당을 창당해 당수가 되었습니다. 재무장관 김도연金度演은 1927년 미국 컬럼비아대학교 경제학 석사, 1931년 아메리칸대학교 경제학 박사 학위를 받고 귀국해 1932년 연희전문 강사를 거쳐 1934년 조선흥업주식회사 사장이 되었으나 1942년 조선어학회사건에 관련돼 함흥형무소에서 2년간 옥고를 치른 독립운동가입니다.

농림장관 조봉암曺奉岩은 공산주의 활동을 하다가 1932년 상해에서 일본영사경찰에 붙잡혀 신의주형무소에서 7년간 수감생활을 했고, 해방 뒤 공산당과 결별하고 건국에 참여한 인물입니다. 법무장관 이인李仁은 일본 메이지대학교 법학부를 졸업한 변호사로 일제시대 의열단사건, 광주학생사건, 안창호사건 등을 맡아 변론하고 조선어학회사건 때에는 4년 가까이 옥고를 치른 독립운동가였습니다. 문교부장관 안호상安浩相은 독일 예나대학교에서 철학박사 학위를 받은 뒤 보성전문학교 교수로 재직한 교육자였습니다. 내무장관 윤치영尹致暎은 미국에서 국제법을 공부하고 구미위원부에서 이승만을 도왔던 인물이었으

이승만의 위대한 성취

며, 사회부장관 전진한錢鎭漢은 일본 와세다대학교 출신으로 대한노동총연맹의 지도자였습니다. 어느 누구도 친일파가 아니었으며, 하나같이 당대 최고의 인재들이었습니다.

문제는 친일파 여부가 아니라 최고의 인재들이었는데도 장관들이 정부 운영이나 경제를 관리할 수 있는 훈련된 인력이 아니라는 점이었습니다. 훈련도 경험도 없었으니 국정을 이끌어가는 데 불가피하게 많은 시행착오가 있었습니다. 해방 당시 중등 이상의 교육을 받은 사람이 2만 5천 명에 지나지 않아 실무 경험이 있는 인재가 드물었던 것입니다. 심지어 이승만 대통령이 자신을 보좌할 사람조차 구하기 힘들 정도였으니 당시의 인재난이 어떠했는지 짐작하고도 남습니다.

상황이 이런데도 국민들은 신생 대한민국 건국으로 모든 어려움에서 벗어날 것을 기대했습니다. 이승만 박사가 대통령이 되었으니 잘 풀려나갈 것이라 믿었지요. 하지만 그런 기대는 기적을 바라는 것이나 마찬가지였습니다. 위로는 장관들부터 아래로는 실무자에 이르기까지 실무 경험이 없었으니 말입니다. 형식적으로는 행정조직이 있었지만 업무가 제대로 돌아갈 리 없었습니다. 이승만 대통령도 그런 상황을 어떻게 타개할 것인지가 고민이었습니다.

이처럼 인재가 부족한 데다 극심한 예산난이 얹어졌습니다. 세금을 부과할 대상이 턱없이 부족했던 것입니다. 일제 식민지 당시 한국 경제는 일본 및 만주, 중국 등과 하나의 시장으로 통합되어 있었는데, 해방과 함께 시장이 해체되면서 큰 타격을 받았습니다. 거기에 남북 분단도 한국 경제에 치명타를 가했습니다. 공업시설과 지하자원, 발전시설이 대부분 북한에 있었는데, 북한과 단절되니 경제적 어려움이 커질 수밖에 없었습니다. 당시 남한의 총발전량은 8만kw였는데, 이는 큰 공장 하나를 유지하는 데 들어가는 전력에 불과해서 1948년 전반기 산업 생산은 해방 전의 20%에 그쳤습니다.

또 북한에 있던 세계적 규모의 흥남 질소비료공장에서 비료가 공급되지 않아 농업 생산이 크게 줄어드는 바람에 쌀값이 천정부지로 뛰는 등 산업 전반이 큰 타격을 받았습니다. 더욱이 해방 전후의 과도한 통화 증발로 인한 살인적 인플레이션은 경제를 마비시키는 결과를 낳았습니다.

그 와중에도 가장 큰 당면문제는 안보위협이었습니다. 설상가상雪上加霜이었지요. 정부수립 이전부터 이후까지 공산주의자들의 도전은 끝이 없었습니다. 파업과 시위, 심지어 무장폭동에 반란까지 대한민국을 파탄시키려는 공산주의자들의 도발은 계속되었습니다. 미군정 시기에 조선공산당이 조직적으로 일으킨 9월 총파업과 영남 10월 폭동 등으로 인한 사회 혼란은 곧 태어날 대한민국의 앞날을 위협하는 극단적 사태였습니다.

혼란의 절정은 1948년에 터진 제주 4·3 사건입니다. 제주

이승만의 위대한 성취

4·3 사건은 조선공산당이 인민당, 신민당을 흡수해 출범시킨 남조선노동당(남로당)이 일으킨 무장폭동으로 5·10 선거를 무산시켜 대한민국의 탄생을 저지하는 것이 목적이었습니다. 이어서 터진 것이 대한민국 건국 후 2개월밖에 안 지난 1948년 10월 19일부터 10월 27일까지 당시 전라남도 여수시에 주둔 중이던 14연대 군인 2천여 명이 제주 4·3 사건 진압 명령을 거부하고 일으킨 무장 반란 사건입니다. 이것은 군에 침투해 있던 남로당 세력이 주도하고 지역 공산주의자들이 합세해 일으킨 반란이었습니다.

대한민국은 건국 이전부터 심각한 안보의 도전에 직면해 있었고, 치안과 국방은 대한민국의 존립을 좌우하는 가장 중요한 과제일 수밖에 없었습니다. 이승만 대통령은 정부수립 즉시 국방조직 정비에 착수했습니다. 11월 30일 국회를 통과한 국군조직법에 따라 국방부가 설치되었고, 미군정기 국방경비대를 육군으로, 해안경비대는 해군으로 재편했습니다. 그러나 무력 수준은 형편없었으며, 공군은 아예 없었습니다.

정부수립 직전 국방경비대 병력은 1만 8천여 명에 불과했습니다. 상대적으로 북한군은 1948년 소련군 철수 당시의 병력이 15만 명에 이르렀고, 소련제 탱크 등 화력도 압도적 우세를 보이고 있었습니다.

이승만 대통령은 남북 간 군사력 격차를 줄이기 위해 애썼습니다. 그래서 1949년 3월까지 군 병력을 9만 8천여 명으로 늘렸지만, 제대로 된 장비를 갖춘 병력은 5만 명에 불과했습니다. 나머지는 일본 경찰이 쓰던 구식 소총으로 무장했고, 훈련 수준도 매우 낮아 군대라고 하기가 민망한 형편이었습니다.

미군 철수가 다가올수록 이승만 대통령은 점점 더 절박해졌습니다. 그야말로 지푸라기라도 잡는 심정으로 미국의 도움을 구하려고 노력했지만, 미국은 한국의 방위에는 관심도 없었습니다. 이승만은 대한민국 국군이 제 역할을 할 만큼 성장할 때까지 미군을 잡아두고 싶어 했지만 미국은 그럴 의사가 없었습니다. 더욱이 김구 등 통일정부 수립론자들은 미군 철수를 강력히 주장했습니다. 김구는 정부수립 직전 남북 협상을 위해 평양을 방문했을 때 소련제 중화기로 무장한 북한의 대규모 군사력을 목격하고 온 인물입니다. 그런데도 미군 철수를 주장했으니 참으로 납득하기 어렵습니다.

미군은 원래 1948년 말까지 완전히 철수하기로 되어 있었는데 14연대 반란 사건으로 6개월간 연장되었을 뿐이었습니다. 당시 한국군의 군사장비 부품은 거의 고갈되었고 무기의 15%가량, 차량의 30%가량은 사용이 불가능한 상태였습니다. 이승만 대통령은 철수 시 주한미군이 보유했던 무기와 장비를 이양받으려고 트루먼 대통령에게 서신을 보냈지만 거절당했습니다. 소련과는 전혀 다른 태도였습니다.

이승만의 위대한 성취

기적의
농지개혁

대한민국은 1948년 8월 15일에 건국되었지만 정치·사회·경제적으로 온전한 국가 형태를 갖추지 못해 아직 정상적인 국가로 보기는 어려웠습니다. 특히 경제적 어려움은 신생 대한민국이 맞닥뜨린 가장 큰 난제였습니다. 사회적으로도 신분적 질서가 아직 해소되지 않은 상태였습니다. 제도적으로는 양반, 상놈의 구분이 사라졌지만 현실에서는 봉건적 질서가 그대로 남아 있었던 것입니다. 특히 대다수 국민이 살고 있던 농촌사회에서는 그런 현상이 더 뚜렷했습니다.

신분적 질서는 농촌경제와 직결된 문제였습니다. 지주는 대개 양반이거나 양반 행세를 했고 소작인은 상민이거나 상놈이었기 때문입니다. 게다가 소작료가 한 해 생산량의 절반을 차지해 소작인들은 평생 우마牛馬처럼 일해도 소작농 신세를 면키 어려웠습니다. 따라서 경제 문제는 곧 신분 문제였습니다. 그런 점에서 당시 시대적 요청은 토지개혁, 구체적으로 농지개혁이었습니다. 소작농을 자작농으로 바꾸는 것, 그것은 농촌경제를 부흥시키는 동시에 소작인들을 신분의 굴레에서 해방시키는 길이었습니다.

이승만은 이러한 시대적 사명을 누구보다 잘 알고 있었습니다. 그에게 농지개혁은 곧 인간 해방이었고, 자유와 평등의 실천이었으며, 민주주의의 토대였습니다. 그렇기 때문에 이승만은 헌법을 만들 때 자신의 권위에 의존해 농지개혁을 못 박았던 것입니다. 농지개혁을 헌법에 명문화한 것이 이승만의 공로라고 하면 이의를 제기할 사람들이 있을 것입니다. 이승만이 헌법 제정 당시 국회의장이었다고 해서 그의 의지만으로 농지개혁을 헌법에 규정할 수 있었겠느냐는 의문을 제기할 수도 있고, 농지개혁이 시대적 요구였으니 당연히 헌법에 반영된 게 아니냐는 주장도 가능합니다.

물론 그런 측면이 없지 않습니다. 하지만 제헌의회를 주도한 의원들이 어떤 사람들이었는지 한번 생각해보십시오. 이를테면 소작농 출신이거나 그들을 대변하는 사람들이 국회의원이 되었을까요. 아닙니다. 일부를 제외하면 어느 지역에서나 지주 출신이 국회의원이 되었습니다. 사실 해방 이전에 고등교육을 받은 사람들은 대부분 부유한 집안 출신이었고, 그 시대에 부유하다는 것은 극히 일부를 제외하면 대개 지주였을 가능성이 높습니다.

사실 소작농을 대변할 의원은 많지 않았습니다. 따라서 농지개혁 논의를 주도한 의원으로 특별히 꼽을 사람도 없습니다. 그런 만큼 이승만 국회의장을 빼고는 농지개혁을 설명하기 어렵습니다. 그의 주도 아래 농지개혁이 논의되었고, 그를 따르는 의원들이 그 안을 지지했으니까요. 지주들을 대변하는 한민당도 대세에 따를 수밖에 없었습니다. 그 결과 제헌헌법 제86조에 "농지는 농민에게 분배하여 그 분배의 방법, 소유의 한도, 소유권의 내용과 한계는 법률로써 정한다"고 명시된 것입니다. 이렇게 경자유전耕者有田의 원칙이 세워졌습니다.

오늘날에도 이런 원칙이 살아 있지만, 이것은 시장경제의 원리에 어긋나는 것이라 할 수 있습니다. 그리고 대규모 영농을 하는 기업의 등장을 어렵게 하는 것이어서 규모의 경제를 저해합니다. 하지만 당시에는 70% 정도의 대다수 농가가 소작농이었고 그 질곡에서 벗어날 수 없었기 때문에 경자유전의 원칙에 따른 개혁은 절대적 요구였습니다.

이승만 국회의장의 주도로 농지개혁이 헌법에 명시되었다는 것은 크게 두 가지 사실로 확인할 수 있습니다. 하나는 정부수립 이전부터 이승만이 농지개혁을 주장했다는 사실이고, 또 하나는 농지개혁이 시행되는 과정입니다.

이승만은 1946년 2월 14일 '남조선대한국민대표민주의원 (민주의원)' 의장으로 선출됩니다. 그리고 2월 하순 방송을 통해 32개조의 '대정방침大政方針'을 발표합니다. 이 가운데 제5조에서 일본인이나 반역자들의 재산은 몰수해 국유로 하며, 토지는 농민에게 분배하되 그 보수를 정부에 내게 함으로써 국가 재정에 충당하도록 한다는 구상을 밝혔습니다. 다음으로는 대지주 소유의 토지는 분할 분배하되 유상매수 유상분배 방식을 취한다고 발표했습니다. 또 중소지주의 소유 토지는 매수 대상에서 제외했습니다. 이승만은 정부가 들어서기 전 이미 이렇게 농지개혁의 큰 그림을 그리고 있었던 것입니다.

이승만은 세 가지 측면에서 농지개혁의 필요성을 인식하고 있었습니다.

첫째, 반공체제의 구축입니다. 당시는 남로당 공산세력이 농민들을 현혹하는 선전선동으로 세를 넓혀가고 있었습니다. 이승만은 농지개혁을 통해 농민들이 자신의 땅을 가져야 공산주의에 넘어가지 않을 것이라 생각하고, 그것이 공산주의에 가장 유효한 대응이라고 보았습니다. 이승만의 판단은 적중했습니다. 이미 내 농토를 가진 농민들에게는 공산주의자들의 선동이 먹혀들지 않았습니다. 농민들은 내 땅을 지키기 위해 대한민국에 충성을 다했습니다. 이는 이승만의 중요한 정치적 기반이 됩니다.

이승만의 위대한 성취

둘째, 자유민주주의 체제 건설입니다. 이승만은 반상班常과 귀천貴賤의 구분을 없애고 자유와 평등을 실현하는 자유민주주의 체제를 건설하기 위해서는 농지개혁이 반드시 필요하다고 보았습니다. 반상의 구별이나 귀천을 없애는 것은 자유민주주의와 관련이 있습니다. 자유롭고 평등한 개인으로서의 국민은 민주주의의 대전제인 것입니다.

셋째, 토지자본의 공업자본 전환입니다. 당시 산업발달, 특히 공업발달을 위해서는 자본 형성이 필요했습니다. 그런데 당시 자본은 대부분 토지에 집중되어 있었기 때문에 이승만은 유상으로 토지를 매입함으로써 토지자본을 공업자본으로 전환하려 한 것입니다. 지주를 대변할 뿐 아니라 자신들이 지주였던 한민당 의원들이 이승만의 농지개혁에 동의한 것도 이러한 배경에서였습니다.

이렇게 이승만은 대한민국 정부수립 이전부터 이미 농지개혁을 구상하고 있었고, 이것이 제헌헌법에 반영된 것입니다. 그런데 정부수립 이후 농지개혁이 전격적으로 실행되는 과정을 보면 이승만 대통령의 의지가 얼마나 강력했는지 확인할 수 있습니다.

농지개혁법은 1949년 3월 국회 산업노동위원회가 자체 마련한 안案을 심의해 만들게 됩니다. 그에 앞서 정부 측 농림부안이나 기획처안이 제출돼 있었으나 주도권은 국회가 쥐고 있었기 때문에 정부안은 참고로만 삼았을 뿐입니다.

당시 국회는 정부와 대립각을 세우고 있던 터라 이승만 대통령의 의지가 관철되기는 쉽지 않았습니다. 그리고 국회에서 주도권은 민주국민당이 잡고 있었습니다. 민주국민당은 한민당과 대한국민당이 합당해 1949년 2월 10일 출범한 당으로 훗날 민주당으로 재출범할 때까지 이승만 정권을 견제한 한국 최초의 야당입니다. 오늘날 민주당의 뿌리라고 할 수 있는데, 그 당시 민주국민당은 지주를 대변했습니다.

산업노동위원회안은 농림부안과는 달랐습니다. 모두 유상매수 유상분배안이기는 했지만, 농림부안이 보상률을 150%로 한 데 비해 산업노동위원회안은 300%로 매우 높게 책정했습니다. 게다가 자경만이 아니라 자영도 인정하는 안이었습니다. 자영이란 머슴을 두고 농업경영을 하는 방식이니 경자유전의 원칙에 부합하지 않았습니다. 이런 안은 지주들의 이익을 반영해서 나온 것이었습니다.

그러나 산업노동위원회안은 농지개혁에 관한 한 이승만을 지지하는 비非민주국민당 의원들의 강력한 반발에 부딪혔습니다. 비민주국민당 계열로는 소장파 의원들, 제3의 군소정파 등이 있었습니다. 소장파는 반공주의를 넘어 평화통일을 지향하는 세력으로서 이승만 대통령과는 각을 세웠으나 농지개혁에서는 공동전선을 이루었습니다.

　　　　　　　　　　이승만의 위대한 성취

제3의 군소정파나 무소속 의원들은 반공에는 뜻을 같이하면서도 이승만 대통령에 대해서는 비판적 지지 입장을 견지하고 있었습니다. 제3세력 중 가장 비중 있는 세력은 이정회以正會로 이정회를 주도한 의원들은 이승만 대통령을 충실히 따르는 인물들이었습니다.

국회 밖에서 영향력을 행사한 단체도 있었습니다. 대한농민총연맹(농총)입니다. 1947년 8월 31일 결성된 농총은 해방 직후 공산당이 그 하부조직으로 만든 '전국농민조합총연맹(전농)'과는 달리 이승만과 김구를 고문으로 모시고 좌익과 투쟁한 반공단체였습니다. 농총은 이승만의 정치적 기반이 되었고, 사회경제적으로는 지주층과 대립하며 농민의 이해를 대변했습니다. 이승만 대통령은 국회에서는 비민주국민당파, 국회 밖에서는 농총을 통해 지주계급을 대변하는 민주국민당을 제어하며 농지개혁을 추진했습니다.

농지 매수 비율을 쟁점으로 국회에서 갑론을박을 벌이는 과정에서 민주국민당이 한 발 물러섰습니다. 그리하여 1949년 4월 27일 국회에서 통과된 법은 농지보상률은 150%, 농지상환율은 125%로 규정했습니다. 따라서 150%에 매입해서 125%에 분배하는 것이었으므로 차액인 25%는 정부재정으로 감당해야 했습니다. 하지만 당시의 정부재정으로는 이를 감당할 수 없었기 때문에 이승만 대통령은 법안을 다시 국회로 돌려보냈습니다.

민주국민당은 법안 개정을 지연시켰습니다. 지주들에게 농지개혁에 대비할 시간을 벌어주자는 속셈이었습니다. 그 바람에 소작농에 대한 지주들의 토지 강매가 이루어져 일부 선량한 소작인이 억울하게 평상시 값보다 비싸게 농지를 사는 일이 벌어져 농지개혁이 실효를 거둘 수 없었다는 비판이 제기되어왔지만 이는 사실과 다릅니다. 농민들도 농지상환율 논의가 어떻게 진행되는지 이미 다 알고 있었기 때문에 비싸게 토지를 사는 사람은 거의 없었다고 봐도 틀림이 없습니다. 농민들은 150% 이내에서 구입했습니다.

물론 농민에게 직접 토지를 판 지주들은 값을 현물로 받을 수 있었다는 점에서 농지개혁을 통해 정부에 유상매도를 한 지주들보다는 이익을 거두었습니다. 정부는 예산이 없었기 때문에 지주들에게 지가증권地價證券을 발행했는데, 여러 가지 이유로 지주들이 손해를 많이 보았습니다. 이에 대해서는 뒤에 좀 더 살펴보겠습니다.

민주국민당은 법안 개정을 지연시켰을 뿐 아니라 지주보상률과 농지상환율을 모두 240%로 하는 개정안을 내기도 했는데, 이는 농민들의 기대와는 거리가 멀었습니다. 마침 당시 국회는 국회 프락치 사건으로 소장파 의원들의 세가 크게 위축돼 있었기 때문에 민주국민당의 힘이 한층 강해져 농지개혁이 본래의 취지를 잃을 공산이 컸습니다. 그러자 이승만 대통령은 그 특유의 카리스마로 국회 밖 세력을 동원해 국회를 압박했습니다.

결국 국회는 1950년 2월 2일 일정 규모(3정보) 이상의 농지에 대해 지주보상률과 농지상환율을 150%로 하는 농지개혁법을 통과시켰습니다. 상환 기간은 5년이었습니다. 150%를 5년 분할 상환한다는 것은 1년에 30%씩 5년을 갚으면 자기 땅이 된다는 뜻입니다. 당시 사람들은 이를 3·7제라 불렀습니다. 농지개혁 이전 한 해의 소작료가 50%였다는 점을 감안하면 농민들로서는 거저먹기였습니다. 실제로 그에 대한 증언이 많습니다.

정부가 농지개혁법을 공포한 것은 1950년 3월 10일, 6·25전쟁이 발발하기 불과 3개월여 전이었습니다. 거듭 지적하지만, 만일 농지개혁이 이루어지지 않았다면 농민들은 북한 남침 시 공산당의 선전선동에 넘어갔을지도 모릅니다. 공산당은 그들이 점령한 남에서도 북에서처럼 무상몰수 무상분배의 농지개혁을 한다고 했으니까요. 그러나 이미 농민들에게 농지가 분배되어 있었기 때문에 농민들은 공산당의 선동에 넘어가지 않았습니다.

무상분배에 대해서도 농민들은 호의적이지 않았습니다. 농민들이 무상분배를 무조건 반겼을 것 같지만, 실제는 전혀 그렇지 않았습니다. 왜 그랬을까요. 농민들은 자기 땅에 대한 애착

이 무척 강했습니다. 그런데 국가가 무상으로 분배해준다면 언제고 도로 빼앗길 수 있다고 생각했습니다. 불안했던 것이지요. 그래서 농민들은 정당하게 비용을 지불해야 온전한 '내 것'이 된다고 보았고, 심지어 무상분배를 주장하는 사람들에게 '도둑놈 심보'라는 반응을 보이기까지 했습니다.

법률이 공포된 날이 3월 10일인데 어떻게 6·25전쟁 이전에 농지분배가 상당 부분 이루어졌을까요. 그것은 기적이나 다름없었습니다. 그 배경에는 이승만 대통령의 의지와 노력이 있었습니다. 이승만 대통령은 법률이 공포되기 이전에 이미 모든 준비를 완료해놓고 있었습니다. 법률이 공포된 뒤 보름 만에 시행령이 마련되고, 다시 한 달여가 지난 4월 28일에 시행규칙이 공포된 것은 사전에 준비작업이 끝나 있었다는 것을 의미합니다.

이승만 대통령은 1949년 6월 법안을 국회에 제출하자마자 즉시 실태조사를 명령했습니다. 분배해야 할 농지의 면적을 확정하고 지번, 지목, 지적, 등급, 임대가격(소작료), 지주, 경작자(소작인) 등을 담은 농지소표를 만들게 했습니다. 이와 같이 1949년 말에 준비작업은 사실상 다 끝나 있었습니다.

이승만 대통령은 1949년 12월 13일 국무회의에서 이듬해 춘경기春耕期 이전에 농지분배를 완수하도록 특명을 내렸습니다. 봄 파종기를 놓치면 농지개혁이 이듬해로 넘어갈 수 있었기 때문입니다. 이후 그야말로 전광석화와 같은 속도전이 펼쳐졌습

　　　　　　　　이승만의 위대한 성취

니다. 지역마다 차이는 있지만 1950년 4월 중순에 농가별 분배 농지 일람표까지 각 농가에 배부되었습니다. 그것은 아직 분배가 끝나지 않았지만 농민들에게 장차 분명히 자기 농지가 될 테니 안심하고 파종하라는 뜻이었습니다. 그렇게 해서 농지개혁은 일부 지역을 제외하고 실질적으로 1950년 5월까지 거의 완성되었습니다.

지주에 대한 보상은 6·25전쟁 이전에 거의 이루어지지 않았습니다. 농지개혁법 시행령에 따르면 1950년 5월 31일까지 지주들에게 지가증권을 교부하게 되어 있었는데, 지주들의 보상 신청이 이때까지 완료되지 못했기 때문입니다. 그리고 전쟁으로 중단되었다가 1951년 1월 9일 피난 수도 부산에서 보상업무가 재개되었습니다.

그런데 지주들은 사실상 몰락했습니다. 인플레이션으로 지가증권의 가치가 형편없이 떨어져버렸기 때문입니다. 전쟁과 재정 부족으로 통화가 남발되면서 엄청난 인플레이션이 발생했고, 그 바람에 액면가의 30~40%로 투매한 지주들도 많았습니다. 물론 일부 예외가 있었지만 대다수 지주가 몰락의 길을 걸었습니다.

이것은 안타까운 일입니다. 지주들을 생각해서가 아니라 농지개혁의 목적 중 중요한 한 가지를 이룰 수 없었기 때문입니다. 즉, 토지자본의 산업자본화가 무산된 것입니다. 그나마 다행스러운 점은 지가증권을 헐값에 매수한 신흥 자본가들이 등장했다는 점입니다. 이 신흥 자본가들이 점차 층을 이루면서 기업을 세우고 대한민국의 경제를 이끌게 됩니다.

　농지개혁은 농촌사회를 완전히 바꿔놓았습니다. 토지 소유 한도를 3정보로 제한했기 때문에 지주·소작제도가 해체되었습니다. 해방 전해인 1944년에는 인구의 3%에 불과한 지주가 경작면적의 64%를 소유하고 있었지만, 1956년에는 부농富農 6%가 농지의 18%만 소유했습니다. 그 결과 소작농 비율은 49%에서 7%로 크게 떨어졌습니다.

　민주국가에서 시행한 농지개혁 가운데 이만한 성과를 거둔 사례는 찾기 어렵습니다. 지금도 많은 나라에서 농지개혁이 절실하면서도 이루지 못하고 있는 것이 현실입니다. 자유 베트남이 북베트남과 베트콩에 의해 무너져 공산화된 것도 농지개혁을 이루지 못한 결과였습니다.

　전투작전을 방불케 했던 농지개혁. 그것은 신생 대한민국의 놀라운 성취이자 이승만 대통령의 의지와 투지의 결과였습니다. 그리고 행정력이 미비한 가운데 농지개혁을 성취한 것은 기적에 가까운 일이었습니다.

　　　　　　　　　　　　　　이승만의 위대한 성취

이승만의
교육혁명

　　　　　　　　　　우리나라와 비슷한 시기에 세
워진 나라들은 대부분 사회질서의 안정과 외부로부터의 침략
에 대응하는 안보를 국가적 과제로 안게 되었습니다. 대부분의
나라가 중앙집권적이면서도 강압적인 권위주의 방식으로 대
응한 데 반해 대한민국은 민주공화국으로서 권위주의 통치 대
신 민주적 제도와 질서를 유지했습니다. 그러나 안팎의 위협요
인으로 인해 그 어느 나라보다 어려운 처지에 놓였습니다. 국내
공산주의 세력의 도발이 계속되는 가운데 소련의 지원을 받는
북한의 남침 위험이 안보를 위협하고 있었습니다.

　　그런 가운데서도 이승만 대통령은 국민교육을 매우 중시했
습니다. 그는 '교육대통령'이었습니다. 이승만이 얼마나 교육을
중시했는지는 여러 문건과 자료, 역사적 사실에서 확인할 수 있

습니다. 그는 젊은 시절부터 교육이 나라의 근본이라는 확고한
생각을 갖고 있었습니다.

이승만이 한성감옥에서 〈제국신문〉에 기고한 "나라 구제는
교육으로", "교육이 아니면 나라와 백성이 흥왕발달할 수 없으
니 교육이 제일 급하다"와 같은 논설은 그가 일찍부터 교육이
한 나라의 운명을 좌우할 수 있다는 신념을 가지고 있었음을 보
여줍니다.

그가 감옥에서 번역한 『청일전기靑日戰記』라는 청일전쟁 관련
역사서의 부록으로 쓴 「신역전기 부록新譯戰記 附錄」에서도 국내
지식인들을 대상으로 당시 신학新學이 급선무라는 것을 강조하
며 다음 네 가지 '개진改進' 방략을 제시했습니다.

1. 학교를 세워 학문을 일으키는 것

2. 민회民會를 열어 토론하는 것

3. 신문사를 설립하는 것

4. 도서관을 건립하는 것

하나같이 대중을 일깨우고 교육하는 데 초점을 맞추고 있습
니다. 그 자신이 옥중학교와 옥중도서관을 운영했던 것도 이러
한 신념에 바탕을 둔 것이라 할 수 있습니다.

「신역전기 부록」은 이승만이 한성감옥에서 쓴 여러 글을 모

은 『옥중잡기獄中雜記』에 실렸는데, 『옥중잡기』의 또 다른 글 「미국흥학신법美國興學新法」은 미국의 교육진흥에 대한 새 제도를 소개한 것으로 국민교육에 대한 그의 높은 관심을 보여줍니다. 이 글은 1871년부터 1873년까지 미국 워싱턴D.C. 주재 일본 대리공사로 근무했던 모리 아리노리森有禮가 미국 연방정부 교육부에서 입수한 논문을 중국인이 한문으로 번역한 것을 옮겨 적은 것으로 짐작됩니다. 다음은 그중 일부입니다.

> 미국에서 교육을 진흥시키는 일은 연방정부가 간여하지 않고 각 주州의 자주권에 속한다. 다만, 각 주로 하여금 스스로 법령을 정하여 국내에 두루 공립학교를 세우게 할 뿐이다. 또 이름 있는 큰 도시에는 특별히 대서원(大書院, university)을 세워서 깊이 연구하도록 하고 있다. 나라를 세운 이래로 역대 집정대신(執政大臣, the leading statesman)들은 교육을 진흥시키는 일을 자기 책임으로 여겨왔다. 상원과 하원에 소속된 각 의원들도 많은 관유지를 매각한 돈으로 본전을 저축해두고 (기금을 형성했다는 의미 - 필자) 그 이자를 취하여 쓰임에 대비하였다. 그리하여 각 주의 공립학교·대서원·보학원(普學院, special school) 등 일체를 특별히 세운 학교에 공급하고 있다.
> 이러한 일에 비추어볼 때 합중국 정부와 각 주 정부가 수시로 심력을 다해 교육의 효과를 얻고자 노력하고 있음을 알

수 있다. 만일 그렇게 하지 않았다면 어떻게 미국이 오늘날과
같이 교화되고 문명된 명망 있는 나라가 될 수 있었겠는가?

이어 기록은 미국에서 민간인들이 자치적으로 교육을 진흥
시킨 사례를 예시한 뒤 다음과 같이 설명합니다.

> 대저 교육이 국가에 유익하다는 것은 사람이면 누구나 다
> 알고 있다. 혹은 이름난 장군이 되고, 혹은 솜씨 좋은 장인匠
> 人이 되고, 혹은 훌륭한 공인工人이 되고, 혹은 복인福人(복이 많
> 은 사람 - 필자)이 되는데, 이는 모두 교육에서 나오지 않은 것이
> 없다. 또 착한 일을 하고, 발명에 정진하고, 새로운 제도를
> 부지런히 강구하여 국가에 유익한 일을 하는 사람도 무수
> 히 많다. 이로써 모든 주에서 재력을 희사하여 학교를 설립
> 하는 일이 참으로 하나를 심어 백 개를 거두는 이익을 낳는
> 다는 것을 알 수 있다. 어찌 다른 사업이 여기에 미칠 수 있
> 겠는가? 지금 세상 사람들이 스스로 만족하게 여기지 못하
> 는 마음을 깨닫고 자력으로 학교를 세우는 사실만 보더라
> 도 실로 교육이 국가의 발전에 얼마나 긴밀하게 관계가 있
> 는가를 깊이 알 수 있다.

이승만이 하와이에 정착했을 때 가장 먼저 시작한 사업이 교

이승만의 위대한 성취

육이었던 것도 이처럼 교육이 국가에 긴요한 일이라는 것을 청년기에 이미 깨달았기 때문이라고 볼 수 있습니다. 멀리 보아 교육이 곧 독립의 길이라고 여긴 것입니다. 사실 이승만 자신이 교육을 통해 최고의 지성이 되었으니 스스로 교육의 중요성을 절감했을 것입니다.

조선조 500년 동안 양반 사대부들만이 교육을 받을 수 있었고, 그것도 천자문千字文에서 사서삼경四書三經 등에 이르기까지 한문으로 된 문자와 지식을 익혀 일반 백성은 글을 깨치지도 못했으며, 기어이 나라가 위태로워지게 되고 결국 망국으로 이어졌다는 사실은 우리가 익히 아는 바입니다. 이승만이 근대를 접한 후 그런 나라를 탈피해 근대국가를 건설하려면 교육을 통해 국민이 깨어나야 한다고 생각한 것은 당연했습니다.

해방 당시 한국인의 78%가 문맹이었으며, 한국인 교사 수도 얼마 되지 않았습니다. 그런데 건국 후 반민족특별법이 제정되면서 많은 수가 학교에서 쫓겨났습니다. 실용적·합리적 입장에서 보면 신생 대한민국이 신속하게 정상 국가로 올라서는 데 필요한 인재들을 축출한 것이었으니 참으로 안타까운 일입니다.

제헌헌법은 모든 국민이 평등하게 교육받을 권리를 보장했습니다. 여기에도 이승만 국회의장의 역할이 컸으리라는 것은 짐작하고도 남습니다. 그러나 헌법에 교육받을 권리를 명문화했다고 해서 현실에서 교육이 바로 실현된 것은 아닙니다.

1949년 제정된 교육법은 6년제 의무교육을 규정했습니다. 이승만 대통령은 지체 없이 곧바로 시행에 들어갔습니다. 하지만 모든 취학 연령기의 어린이들을 수용하기에는 교사校舍, 교실, 교과서 등 모든 게 부족했습니다. 수만 개의 교실을 만들어야 했고, 수백 종의 교과서를 집필해야 했으며, 수만 명의 교사를 양성해야 했습니다. 정부는 이에 총력을 기울였습니다. 이승만 대통령은 정부 예산의 10% 이상을 교육에 투입했습니다.

처음에는 교실과 교사가 부족해서 한동안 1년에 3개월씩 교육을 받는 순환교육제도를 운용하기도 했지만 시간이 가면서 점차 해소되었습니다. 그리고 1949년 새 학기가 시작되기 전까지 초등학교는 물론 중고등학교, 대학교까지 다양한 교과서가

전쟁 중에도 계속된 교육 이승만 대통령은 6·25전쟁 중에도 교육이 멈추지 않도록 가능한 한 모든 조치를 취했다. 사진은 초등학교 어린이들이 야외수업을 하는 모습이다.

이승만의 위대한 성취

발간되었습니다. 이때 주목할 것은 한국 역사상 최초로 역사 교과서와 국어 교과서가 발간되었다는 사실입니다.

교육에 대한 이승만 대통령의 의지가 얼마나 대단했는지는 6·25전쟁 중 피난 수도 부산에서 천막학교를 열어 교육이 계속되도록 했다는 사실로도 알 수 있습니다. 공산세력의 총구가 턱밑까지 와 있는 상황에서도 교육을 챙겼으니, 세계적으로 이런 국가 지도자는 찾아보기 어렵습니다.

더욱 놀라운 일은 전시 연합대학을 운영했다는 사실입니다. 서울에서 대학을 다니던 학생들을 한데 모아 전쟁 통에 교육을 한 것입니다. 나아가 대학생들의 군입대를 면제하는 특별조치를 취했습니다. 대학생들이 국가의 중요한 자산이라고 생각한 것입니다. 이는 전쟁 이후까지 내다본 판단이었습니다. 비난이 빗발쳤지만 이승만 대통령은 아랑곳하지 않았습니다. 그 고집을 꺾을 사람은 없었습니다.

이승만 대통령은 인재들을 해외로 유학 보내는 데도 각별한 노력을 기울였습니다. 외교력을 총동원해 2만여 명을 장학생으로 미국에 유학을 보냈습니다. 일부 인재들은 국비로 독일 등 유럽으로 유학을 떠날 수 있었습니다. 박정희 정부 당시 경제발전을 위해 서독에서 지원을 받아내는 데 결정적 역할을 한 백영훈 같은 사람이 이승만 대통령의 배려로 서독으로 국비 유학을 떠났던 사람이었습니다.

박정희 정부가 이룬 '한강의 기적'의 주역들은 이승만 대통령의 노력으로 해외 유학을 했던 사람들입니다. 박정희 자신이 이승만 정부 시절 미국 유학을 했던 사람이기도 합니다. 이렇듯 이승만 대통령의 교육열과 실행이 박정희 정부 경제발전의 토대가 되었습니다.

이승만의 위대한 성취

100년 안보체제
구축

우리말에 '갖고 놀다'는 어떤 사람이 다른 사람을 깔보고 마음대로 다룬다는 뜻입니다. 이승만이 미국을 상대하는 방식을 보면 갖고 놀았다는 표현이 어울립니다. 상대를 깔본 것은 아니지만 세계 최빈국이자 약소국인 대한민국의 대통령이 세계 최강대국이자 세계를 좌우하는 미국을 주물렀으니까요. 우리나라는 물론 세계 어느 나라에도 그런 국가 지도자는 없었습니다. 이승만 대통령이 유일하고도 전무후무한 인물입니다.

이승만 대통령은 늘 아쉬운 입장이면서도 미국에 당당했고 오히려 큰소리쳤습니다. 미국은 늘 이 약소국 지도자의 옹고집에 골머리를 앓았습니다.

언어와 표정에서 언제나 품격을 유지하며, 억지를 부리면서도 합리성을 바탕으로 상대를 압도하는 카리스마의 지도자!

이승만은 그런 찬사를 받을 만한 대통령이었습니다. 그래서 주한 미국대사들이나 6·25전쟁 당시 미군 장성들이 한결같이 곤혹스러워하면서도 존경해 마지않았던 것입니다.

이승만에 대한 미국인들의 찬사는 끝이 없었습니다. 처칠 영국 수상은 6·25전쟁 당시 우리 국군이 38선을 넘어 북진하며 유엔군을 리드해 나가자 이승만에 대해 "미국을 좌지우지하면서 자신의 정치쇼에 이용하고 있다"고 맹비난했습니다. 하지만 6·25전쟁 당시 미8군 사령관이었던 제임스 밴 플리트James Van Fleet 장군은 '위대한 애국자이자 강력한 지도자'라면서 "자기 체중만큼의 다이아몬드에 해당하는 가치를 지닌 인물"이라고 격찬했습니다.

밴 플리트 장군의 후임 테일러Maxwell Taylor 장군은 "이승만 대통령과 같은 지도자가 베트남에 있었다면 베트남은 공산군에게 패망하지 않았을 것"이라고 평가했습니다. 맥아더 장군의 후임이었던 마크 클라크Mark Clark 대장은 이승만 대통령의 반공포로 석방으로 뒤통수를 맞았지만, 훗날 "나는 지금도 한국의 애국자 이승만 대통령을 세계에서 가장 위대한 반공 지도자로 존경하고 있다"고 말했습니다.

이처럼 미국 장군들은 대부분 이승만 대통령을 존경했습니다. 나라를 지키고자 하는 애국심과 높은 국제정치적 식견, 홍

이승만 대통령과 밴 플리트 장군 전쟁 중 이승만 대통령을 접했던 미군 장성들은 한결같이 이승만 대통령을 존경하고 높이 평가하며 극찬을 아끼지 않았다. 사진은 이승만 대통령과 한국군 병사에게 새로 지급된 소총의 사용법을 가르쳐주는 미8군 사령관 밴 플리트 장군의 모습이다.

내 낼 수 없는 리더십과 카리스마, 앞을 내다보는 혜안, 국익을 성취해내는 지혜 등으로 이승만은 미군 장군들에게 존경의 대상일 수밖에 없었습니다. 한미동맹으로 100년 안보체제를 구축한 것이 대표적인 사례이며, 동시에 경제적 지원을 이끌어낸 것 또한 존경받을 만했습니다.

다들 아는 사실이지만, 1950년 6·25남침으로 신생 대한민국의 운명은 그야말로 바람 앞의 촛불이었습니다. 소련으로부터 막강 화력을 지원받고 훈련받은 북한군과 실전 경험이 있는 중국공산당의 조선족 부대까지 합류한 북한의 전면 남침을 막아낼 무력이 대한민국에는 없었습니다. 남과 북의 군 전력은 비교할 수조차 없는 상태였습니다. 이승만 대통령은 전쟁 발발 전 군 전력 강화와 안보를 위해 안간힘을 썼지만 애석하게도 미국은 이에 협력하지 않았습니다.

이승만 대통령은 건국 후 미국과 군사동맹을 맺으려 했습니다. 특히 미군 철수를 앞두고 대한민국의 안전을 보장할 수 있는 방안으로 무기 지원과 한미방위협정을 미국 측에 요구했습니다. 나아가 '태평양동맹'을 구상하고 추진하기도 했습니다. 동아시아에도 북대서양조약기구NATO 같은 방위체계를 창설하고자 했던 것입니다.

그는 장면張勉 주미 대사와 조병옥趙炳玉 대통령 특사에게 미국에 이런 제안을 할 것을 지시하는 한편 중국의 장개석 총통, 필리핀의 키리노^{Elpidio Quirino} 대통령과 긴밀히 협의하며 미국을 설득하려 했습니다. 또 미국에 우리나라 진해항을 해군기지로 제공하겠다는 제의도 했습니다.

이것은 대한민국 안보를 위한 이승만 대통령의 눈물겨운 노력인 동시에 원대한 국가방위전략 구상이었습니다. 그는 역시 국제정치 전략가다웠습니다. 당시 그런 구상을 했다는 것이 이승만의 진면목을 보여줍니다. 나토를 보고 그런 구상을 했다지만, 우리나라가 어느 정도의 군사력을 갖추지도 못한 상황에서 상호방위조약이나 집단안보체제를 생각한다는 건 감탄해 마지않을 일입니다. 미국을 주무를 수 있는 지도자가 아니면 언감생심^{焉敢生心} 그런 생각을 떠올릴 수나 있었을까요.

하지만 미국은 냉정했습니다. 이승만 대통령의 제안이나 요구를 일절 거절한 것입니다. 미국은 왜 그랬을까요. 미국 측은 이승만 대통령이 무력통일을 위해 전쟁을 일으키는 것을 방지하려는 의도였다지만, 그 말을 곧이곧대로 믿기에는 석연치 않은 구석이 있습니다. 이승만 대통령이 북진통일을 외쳤지만 그것은 그가 바라는 바이기는 했어도 실천에 옮길 수 있는 일도 아니었으며, 다만 공산주의에 대한 경각심을 일깨우고 국민을 단결시키기 위한 것이었습니다. 그런데 미국이 그 사실을 몰랐다는 것이 이해되지 않습니다.

이승만은 건국 초기부터 국방정책의 기본 방향을 연합국방으로 정했습니다. 이승만에게 소련은 세계적화전략으로 개인의 자유와 인간성을 말살하는 거악巨惡이었으며, 또 다른 악으로서의 소비에트 괴뢰 김일성 정권을 머리에 이고 있는 상황에서 그의 고민은 깊을 수밖에 없었습니다. 따라서 미국을 중심으로 공산주의세력에 대항해야 한다고 생각했고, 그래서 1948년 8월 15일 정부수립 선포식에서 "모든 우방의 호의와 도움 없이는 우리의 문제 해결이 어렵기 때문에 한미 간 친선만이 민족 생존의 관건"이라고 강조했던 것입니다.

공산주의의 팽창을 억제해야 한다는 이승만의 전략적 사고를 미국이 미처 알지 못했던 걸까요. 그렇지는 않았습니다. 미국은 제2차 세계대전 이후 소련의 팽창 위협에 대항해 대소 봉쇄정책을 수립했으니까요. 에치슨 라인이 바로 그 산물입니다.

그런데 미국은 왜 한국을 에치슨 라인 밖에 두었을까요. 알류샨열도에서 일본, 오키나와, 필리핀으로 이어지는 에치슨 라인은 미국의 극동 방위선이었는데, 한국과 대만이 포함되지 않았다는 것은 무슨 의미일까요. 한국과 대만을 버린다는 뜻이었을까요. 이후 진행된 상황을 보면 그렇게 볼 수는 없는데 왜 에치슨 라인 밖으로 집어 던졌는지 풀리지 않는 수수께끼입니다. 이승만 대통령은 당시 한국을 미국의 극동 방위선 내에 포함시켜야 한다고 주장했지만 수용되지 않았습니다.

미국의 정책 담당자들은 엉뚱하게도 한국의 안보위협은 북

에치슨 라인 미국의 전략적 극동 방위선인 에치슨 라인을 보면 한국과 대만이 라인 밖에 위치해 있다.

한의 전면 남침보다 내부 혼란으로 초래될 것으로 생각했습니다. 에치슨 국무장관도 1950년 1월 12일 워싱턴 내셔널프레스클럽에서 열린 전미신문기자협회에 참석해 '아시아의 위기'라는 제목의 연설에서 에치슨 선언과 함께 "태평양 지역 다수의 국가들이 직접적인 군사적 공격보다는 내부의 경제적 곤란, 사회적 혼란 때문에 공산권으로부터의 전복행위, 침투 행위에 취약할 것"이라고 말했습니다.

에치슨의 이 발언은 미국이 당시만 해도 한국의 전략적 가치를 대수롭지 않게 여겼다는 것을 보여줍니다. 문제는 동서 냉전이 첨예하게 맞부딪치고 있는 한반도의 의미를 자유 진영을 이끄는 미국이 몰랐다는 것입니다. 온갖 정보를 집약하고 분석해 판단하는 능력이 가장 뛰어난 미국이 한국의 가치를 오판함으로써 결과적으로 스탈린의 오판과 김일성의 남침을 초래했습니다.

북한군의 전면 남침 보고를 받았을 때 이승만 대통령은 침착함을 잃지 않았습니다. 그는 미국의 지원이 절실한 상황에서 장면 주미대사에게 미국의 지원을 요청하라고 지시하면서도 전쟁이 통일 한국을 위한 절호의 기회라고 생각하고 있었습니다. 놀라운 일입니다. 웬만한 지도자라면 당장 눈앞의 위기에 전전긍긍할 텐데 이승만은 최대의 위기 국면에서 더 멀리 내다보고 있었던 것입니다.

이승만 대통령은 무초John Joseph Muccio 주한 미국대사의 방문을 받은 자리에서 "필요할 경우 모든 남녀와 어린아이들까지도 돌멩이나 몽둥이라도 들고 나와서 싸워야 한다는 것을 (국민에게) 호소해왔다"며 공산주의에 대한 결연한 의지를 보이는 동시에 "한국은 더 많은 소총과 탄약이 필요하다"며 "현재의 위기가 한

이승만의 위대한 성취

국 문제를 해결할 수 있는 단 한 번뿐인 절호의 기회를 제공할
것"이라고 말했습니다.

이승만 대통령은 6월 26일 오전 3시 맥아더 장군에게 전화를
걸어 이렇게 말했습니다.

"오늘 이 사태가 벌어진 것은 누구의 책임이오? 당신 나라에
서 좀 더 관심과 성의를 가졌다면 이 사태까지 이르지는 않았을
것이오. 우리가 여러 차례 경고하지 않았소. 어서 한국을 구하
시오."

맥아더는 누구보다도 이승만을 존경하고 경의를 표하는 사
람이었습니다. 이승만이 해방 후 미국에서 귀국할 때 도움을 준
사람도 맥아더였습니다.

여기서 우리가 다 아는 6·25전쟁 과정을 설명할 필요는 없을
듯합니다. 요점은 이승만 대통령이 어떻게 미국을 다루며 국익
을 달성했는가 하는 것입니다.

유엔군이 6·25전쟁에 참전한 것은 북한의 남침 이전 상태로
의 회복을 위한 것이었습니다. 하지만 이승만의 생각은 달랐습
니다. 북한의 남침으로 38선은 의미를 잃었다는 것이 이승만의
생각이었습니다. 그래서 통일을 위한 절호의 기회라고 판단한
것입니다.

이승만 대통령이 후퇴하는 과정에서 7월 19일 트루먼 대통
령에게 "소련의 후원으로 수립된 북한 정권이 무력으로 38도

이승만 대통령과 맥아더 장군

선을 파괴한 이상 38선은 더 이상 의미가 없으며, 전쟁 이전의 상태로 돌아간다는 것은 있을 수 없는 일"이라는 요지의 서한을 보낸 것도 같은 맥락입니다. 파죽지세로 내려오는 침략군에 밀려 후퇴하면서도 북진 통일 의지를 다지고 있었으니 보통 사람으로서는 엄두도 내지 못할 일입니다.

이에 트루먼 대통령도 9월 1일 "한국은 그들이 원하는 만큼 자유롭고 독립적이며 통일을 할 권리를 보유하고 있다고 믿는다"는 연설로 화답했습니다. 트루먼은 기자회견에서 38선 돌파 문제는 유엔에 달려 있다고 밝혔습니다. 이승만은 늘 이처럼 미국을 앞서 나가 견인함으로써 국익을 관철해냈습니다.

맥아더 장군의 인천상륙작전으로 유엔군이 전세를 뒤집고, 이어서 9월 28일 서울 수복 하루 뒤에 서울 환도식이 열렸습니다. 환도식이 끝난 뒤 이승만 대통령은 유엔군 사령관 맥아더 장군에게 지체 없이 북진해야 한다고 말했습니다. 맥아더 장군은 유엔이 38도선을 돌파할 권한을 주지 않았다고 대답했습니다. 이승만 대통령은 "유엔이 이 문제를 결정할 때까지 장군은 휘하 부대를 데리고 기다릴 수 있지만, 국군이 밀고 올라가는 것을 막을 사람은 아무도 없을 것"이라며 "내가 명령을 내리지 않아도 우리 국군은 북진할 것"이라고 말했습니다.

국군이 단독으로 북진할 수 있느냐 하는 문제는 복잡합니다. 유엔군 참전 후 이승만 대통령이 국군의 작전지휘권을 맥아더 유엔군 사령관에게 위임했기 때문입니다. 이른바 진보를 자처하는 사람들은 곧잘 작전지휘권 위임을 비난하지만, 그것은 비난을 위한 비난일 뿐입니다. 유엔군 따로 국군 따로 작전을 펴서는 전쟁을 효과적으로 수행하기 어려웠을 것이기 때문입니다.

이승만 대통령이 작전지휘권을 넘긴 상태에서 맥아더 사령관에게 "국군이 밀고 올라가는 것을 막을 사람은 아무도 없을 것"이라고 말한 것은 억지가 아니라 진심을 솔직하게 털어놓으면서 동시에 방향을 제시해준 것이라 할 수 있습니다. 이승만 대통령은 정일권 육군참모장에게 북진 명령을 내렸고, 국군 3사단 23연대가 10월 1일 38선을 돌파했습니다. 우리는 이날을 기려 10월 1일을 국군의 날로 정했습니다.

국군이 북진하고 있을 때, 유엔에서는 유엔군의 북진에 대한 찬반 토론이 벌어지고 있었습니다. 그리고 10월 7일 유엔총회는 한반도의 통일과 부흥에 대해 찬성 47, 반대 5, 기권 7이라는 압도적 다수로 새로운 결의를 채택합니다. 이 결의는 다음 4개 항으로 구성되어 있습니다.

1. 한반도의 안정을 확보하기 위하여 필요한 모든 조치를 취한다.

2. 한국의 통일·독립·민주 정부를 수립하기 위하여 남북한 대표단체의 협력을 얻어 유엔 주관 아래 선거를 실시한다.

3. 이러한 목적을 달성하기 위해 필요하다면 유엔군의 행동은 한반도의 어느 부분에도 구애받지 않는다.

4. 유엔 한국위원회(1949년 10월 20일 설치)의 임무를 계승하기 위해 7개국으로 구성된 유엔 한국통일부흥위원회UNCURK를 설치, 운영한다.

이로써 유엔군의 38선 돌파와 북진이 본격화되었습니다. 1951년 7월, 전쟁이 교착상태에 빠지면서 휴전 협상이 시작되었습니다. 물론 휴전 논의는 그 이전부터 있었습니다. 미국은 1951년 5월 17일 휴전을 전쟁의 방향으로 정했습니다. 미국은 전쟁 이전의 상태, 곧 전선이 38도선 부근에 머물러 있을 때가 휴전의 적기라고 판단했습니다. 그러한 미국의 입장은 6월 1일 "38도선 부근에서 휴전한다는 것은 유엔군의 참전 목적을 달성하는 것"이라는 유엔의 성명 발표로 드러났습니다.

이승만 대통령은 전쟁이 그대로 끝나버리는 것을 결단코 받아들일 수 없었습니다. 통일의 기회가 다시 없으리라는 점도 걸렸지만, 무엇보다 이후 한국의 안보가 걱정이었습니다. 만일 유엔군, 특히 미군이 철수할 경우 전쟁이 다시 터질 수도 있다는 점을 우려하지 않을 수 없었습니다.

이승만 대통령은 미국이 에치슨 라인에서 한국을 제외함으로써 북한의 남침이 초래되었다는 사실을 상기하며 어떻게든 미국을 붙잡아놓을 방법을 고민했습니다. 미국의 지속적인 개입과 보호를 확보하는 유일한 길은 미국과 상호방위조약을 체결하는 것이었습니다.

이승만 대통령은 트루먼 대통령에게 "우리 두 국가의 상호안전보장조약이 필수적이라고 나는 진지하게 믿고 있다"는 내용의 서한을 보냈습니다. 그러나 미국은 쉽사리 이에 응하지 않았습니다. 사실 그것은 쉬운 일이 아니었습니다. 말이 좋아 상호방위조약이지 실은 한국이 일방적으로 미국의 도움과 보호를 받는 조약이었기 때문입니다.

이승만 대통령에게는 미국을 묶어둘 마땅한 수단이 없었습니다. 단 하나의 방법은 휴전을 방해하는 것이었습니다. 미국은 체면을 구기지 않는 수준에서 적당히 전쟁을 마무리하고 발을 빼고 싶어 했습니다. 그것이 바로 미국의 급소였습니다.

이승만 대통령은 1951년 5월 26일 "이미 제거된 38선을 또다시 발생시키는 어떠한 정전에도 반대하며, 만약 유엔군이 투지를 굽혀서 정전 협상을 개시하는 경우에는 실지를 회복할 때까지 한국은 단독행동을 취하겠다"는 성명서를 발표했습니다. 이어 6월 10일에는 임시 수도 부산에서 대규모 궐기대회가 열렸습니다. 이 '휴전반대 국민대회'는 최초의 휴전반대 집회였습

이승만의 위대한 성취

휴전반대 시위 "38선은 없다"며 휴전반대 가두시위를 벌이고 있다.

니다.

이후 휴전반대 궐기대회는 휴전회담이 정체일 때는 잠잠해 졌다가 회담이 재개되면 다시 열렸습니다. 이승만 대통령과 국 민은 통일 조국에 대한 열망으로 하나가 되어 있었습니다. 하지 만 미국의 정책을 바꿀 수는 없었습니다. 미국은 한국의 반대에 도 불구하고 일방적으로 휴전을 추진하기로 했습니다. 사실 미 군들의 희생이 컸기 때문에 그럴 수밖에 없었고, 이에 따라 이 승만 대통령의 고민도 깊어졌습니다.

그런데 휴전협상은 쉽사리 진전을 보지 못했습니다. 공산군 측은 38선을 군사분계선으로 할 것을 주장했고, 유엔군 측은 당시 전선을 주장하며 양측이 팽팽하게 맞섰습니다. 전투 중지도 쟁점이 되었습니다. 공산군 측은 '어디서'를 주장한 반면, 유엔군 측은 '언제'를 주장했던 것입니다. 이는 군사분계선 문제와 같은 맥락이었습니다.

그 밖에도 수많은 쟁점이 있었으므로 당연히 오랜 시간이 소요될 수밖에 없었습니다. 마지막 최대 쟁점은 포로 교환 문제였습니다. 공산군 측은 교활했습니다. 포로 명단 교환에서 유엔군 측은 13만 2,474명을 있는 그대로 제시한 반면, 공산군 측은 불과 1만 1,559명만 제시했던 것입니다. 전쟁 초기에 북한이 발표한 전과만 계산해도 6만 5천 명 이상이고, 유엔군 측의 추정에 따르면 한국군 8만 8천 등 10만 명이 넘는데 말입니다.

또한 유엔군 측은 원하는 포로만 송환하되 나머지는 석방한다는 원칙을 세운 반면, 공산군 측은 모든 포로를 송환해야 한다고 맞섰습니다. 자원송환과 강제송환이라는 원칙의 대립이었습니다. 이견을 좁히기는 쉽지 않았습니다.

전쟁 발발 직후부터 구상되고 1951년 7월 시작된 휴전회담은 1953년에 들어서도 끝나지 않았습니다. 하지만 유엔군 측과 공산군 측의 의견 차이는 점차 좁혀지고 있었습니다. 이승만 대통령은 미국과의 상호방위조약 및 중공군 철수, 전쟁 재발 시 미군의 즉각적 참전 등을 요구했고 미국은 휴전 후 방위조약

이승만의 위대한 성취

석방된 반공포로들의 행진 1954년 1월 이승만 대통령의 결단으로 석방된 반공포로들이 이승만 대통령 사진을 앞세우고 행진하고 있다.

이 진행될 것을 약속했습니다. 하지만 이승만 대통령은 휴전 이 전에 우리의 요구를 받아들일 것을 주장했고, 미국은 이에 대해 어떤 답도 주지 않았습니다. 미국은 오히려 이승만 대통령이 미 국의 방침을 따르지 않을 경우 전후의 지지를 보장할 수 없다고 위협했습니다.

　이제 이승만 대통령이 승부수를 띄울 순간이 다가오고 있었 습니다. 미국의 위협도 이승만 대통령의 고집을 꺾을 수는 없었 습니다. 1953년 6월 6일, 이승만 대통령은 원용덕 헌병총사령 관을 경무대로 불러 비밀리에 반공포로석방 방안을 모색할 것 을 명령했습니다. 그리고 6월 18일 반공포로들이 전격적으로 석방되었습니다. 반공포로는 별도의 수용소에 분리해 수용하고 있었고 한국군이 경비를 맡았기 때문에 가능한 일이었습니다. 애석하게도 3만 5천여 명의 반공포로 가운데 2만 7,388명만이 탈출할 수 있었습니다.

반공포로석방은 이승만 대통령이었기에 가능한 일이었습니다. 그가 아니었다면 누구도 엄두를 낼 수 없었을 것입니다. 어느 나라의 국가 지도자가 미국의 의지에 반해 행동한 사례가 있었는지 생각해보면 수긍이 가는 일입니다. 그 이후 방문한 미국의 로버트슨Walter Robertson 특사에게 이승만 대통령은 "반공포로를 공산 지옥으로 보내느냐, 광명의 이 땅에 머무르게 하느냐 하는 문제를 가지고 근 일주일 동안 기도한 끝에 내린 결단"이라고 말했습니다.

미국은 그제야 비로소 이승만이 어떤 일도 감행할 수 있는 인물이라는 것을 깨달았습니다. 이승만은 자신이 반대하면 휴전이 성사되기 어렵다는 점을 확인시켜주었습니다. 1952년 미국이 이승만을 제거하려다가 그를 대신할 지도자가 없다는 점 때문에 그만둔 적이 있습니다. 미국은 다시 이승만을 제거하려 했지만 역시 같은 이유로 포기했습니다. 더욱이 국민의 절대적인 지지를 받는 지도자를 제거할 수는 없었지요.

이승만은 정확하게 미국의 급소를 찔렀습니다. 그는 아이젠하워 대통령에게 "휴전협정의 조인은 유엔군사령부로부터 한국군의 자동적인 철수를 의미한다"고 통보했습니다. 이로

이승만의 위대한 성취

써 아이젠하워는 이승만에게 휴전 동의와 함께 한국군을 유엔군사령관 휘하에 둔다는 분명한 약속을 받아낼 필요를 느꼈습니다.

1953년 6월 25일, 미국 국무부 차관 로버트슨이 대통령 특사로 서울에 왔습니다. 그는 공항에서 자신의 방한 목적이 휴전 협정 및 포로 교환과 장차 정치회담에 연관된 제반 문제를 한국 정부와 합의하기 위해서라고 밝혔습니다. 이후 7월 11일까지 이승만 대통령과 로버트슨 특사 간에 협상이 진행되었습니다.

한미상호방위조약 서명 변영태 외무장관과 미국의 덜레스 국무장관이 한미상호방위조약에 서명하고 있다. 이 조약으로 대한민국 100년 안보의 토대가 닦였고, 대한민국은 번영의 길로 나아갈 수 있었다.

이승만 대통령은 로버트슨과 미국 정부를 상대로 자신의 요구조건을 관철시키기 위해 집요하게 심리전을 펼쳤습니다. 그리고 기어이 한미상호방위조약과 한국군의 증강, 경제적 지원이라는 결과를 성취해냈습니다. 이는 한국 안보 100년의 확보와 경제발전의 토대를 구축한 이승만의 위대한 성취였습니다.

참고도서 및 자료

『독립정신』, 이승만

『일본 내막기』, 이승만

『이승만 : 신화에 가린 인물』, 로버트 올리버

『이승만 연구』, 유영익

『이승만과 그의 시대』, 이주영

『이승만의 삶과 국가』, 오인환

『이승만의 생애와 건국비전』, 유영익

『이승만 평전』, 이주영

『이승만과 대한민국 임시정부』, 유영익 외

『이승만과 김구』, 손세일

『이승만 대통령의 건강』, 프란체스카 도너 리

『사진과 함께 읽는 대통령 이승만』, 안병훈

『이승만의 토지개혁과 교육혁명』, 이호

『대한민국 역사』, 이영훈

『대한민국 헌법의 역사』, 장영수

『농지개혁 연구』, 홍성찬 편

『전쟁과 휴전: 휴전회담 기록으로 읽는 한국전쟁』, 김보영

『한미동맹의 진화』, 허욱·테런스 로릭

『한국전쟁과 포로』, 조성훈

『한국전쟁』, 박태균

『이승만 대통령과 6·25전쟁』, 남정옥

『대통령과 국가경영』, 서울대학교 출판부

『분단전후의 현대사』, 브루스 커밍스 외

『김구 청문회』, 김상구

『태평양전쟁사』, 일본역사학연구회

『거짓의 역사와 위선의 한국 사회』, 조남현

『제주 4·3사건의 쟁점과 진실』, 조남현

이승만TV, 이영훈 강의

＊사진자료는 (사)이승만건국대통령기념사업회의 협조를 받아 게재했습니다.

이승만의 위대한 성취

발행일 2022년 11월 10일 초판 1쇄

지은이 조남현
발행인 고영래
발행처 (주)미래사

주소 서울시 마포구 신수로 60, 2층
전화 (02)773-5680
팩스 (02)773-5685
이메일 miraebooks@daum.net
등록 1995년 6월 17일(제2016-000084호)

ISBN 978-89-7087-008-3(03300)